培养大格局男孩

冯子舒　曲连奎◎主编

北方妇女儿童出版社

·长春·

版权所有　侵权必究

图书在版编目（CIP）数据

培养大格局男孩 / 冯子舒，曲连奎主编 . -- 长春：
北方妇女儿童出版社，2023.8
ISBN 978-7-5585-6694-3

Ⅰ . ①培… Ⅱ . ①冯… ②曲… Ⅲ . ①男性 - 家庭教
育 Ⅳ . ① G78

中国版本图书馆 CIP 数据核字 (2022) 第 183121 号

培养大格局男孩
PEIYANG DA GEJU NANHAI

出 版 人	师晓晖
策 划 人	陶　然
责任编辑	张道良
封面设计	天下书装
开　　本	710mm×1000mm　1/16
印　　张	10
字　　数	84 千字
版　　次	2023 年 8 月第 1 版
印　　次	2023 年 8 月第 1 次印刷
印　　刷	旭辉印务（天津）有限公司
出　　版	北方妇女儿童出版社
发　　行	北方妇女儿童出版社
地　　址	长春市福祉大路 5788 号
电　　话	总编办：0431-81629600

定　　价　39.80 元

前 言
PREFACE

　　当今社会，竞争日益激烈，男孩要想攀上人生高峰，除了需要掌握越来越多的知识和技能外，还必须拥有大格局。因为如果男孩缺乏大格局，他们做人做事就会缺乏主动性、进取心和责任感，所以培养大格局男孩可以说是父母义不容辞的责任。

　　那么，什么是大格局呢？大格局是指一个人的眼光、胸襟异常广阔，对事情的认知非常全面，且看问题的高度异于常人。大格局男孩往往具有以下优点：他们品德高尚，能够对父母、老师乃至社会怀抱感恩之心，有教养、有胸襟，有责任、有担当；他们擅长自我管理和独立思考；他们在遇到挫折时，往往会表现出超越年龄的坚忍，跌倒了能自己爬起来；等等。男孩有了大格局，他们的人生就会充满乐趣、积极向上，自然更容易获得成功。

　　那么如何培养大格局男孩呢？很多父母可能感觉无从下手。为了帮助父母实现培养大格局男孩这一艰巨任务，我们精心编著了此书。本书内容全面，包括父母的言传身教、人格教育、挫折力教育、自我管理、财商教育等诸多方面。我们还将育儿专家的见解与大量教子案例进行了有机融合，涉及面广、可操作性强，可供父母借鉴。

在男孩的人生长河中，父母要与他们风雨同舟，共同迎击汹涌的波涛。父母既是摆渡人，也是领航员，但最终决定航向的还是男孩自己。父母有责任在男孩启航时帮助他们开阔眼界、提升格局，遇到挫折时告诉他们不要畏惧、勇敢向前，最终驶向成功的彼岸。

由于编者水平有限，书中难免有不足之处，欢迎读者提出宝贵的意见，帮助我们改进。

目 录

CONTENTS

第五章

抗挫力教育，培养真正的男子汉

第六章

财商教育，培养孩子理财的能力

第一章

父母有远见，孩子才有大格局

父母放宽视野，男孩才能走得长远

什么是格局？格局就是一个人的远见、眼界和胸怀。作为父母，一定要有大格局，只有父母放宽视野，看得长远，孩子才能走得长远。

养育孩子，不只要"养"，还要"育"。也就是说，在为孩子提供生活物质的同时，也要注重孩子精神层面的教育。孩子将来成为怎样的人，有着怎样的未来，这都与父母的格局有关，父母格局小，孩子也难有大的格局，只有父母有大格局、大见地，孩子才能从小建立大格局的思维。总而言之，父母的眼界和格局决定着孩子的未来。

孩子刚出生时如同一张白纸，这张白纸最终将被涂上怎样的色彩，一定程度上都在于父母的引导，父母需要给他们树立正确的价值观和世界观。没有父母的引导，孩子是很难看得远的。在他们看来，学习就是为了考试，考试就是为了升学，所以很多孩子排斥学习，但如果父母让孩子意识到学习是为了帮助他们实现梦想，那么孩子就会提高学习的主动性。

上小学的时候，很多老师都会问孩子们未来的梦想，科学家、军人、发明家、飞行员……孩子们的答案五花八门。试问，孩子们有梦想吗？是有的，但他们幼小的心灵中的这个梦想并不是很明确。抑或说，大多数孩子的梦想都是随口说说的，他们并没有那么强烈地想要去实现它，也不知道要为梦想去做怎样的努力。所以，父母要做的，就是告诉孩子梦想的意义，让他看得长远。

小鹏出生在一个贫穷的山村里，父母以务农为生。村里的孩子上学都很不方便，需要走几十里路，到镇上读书。假期，小鹏跟着父母在田地里干活儿，那时候，天空中偶尔会有飞机穿梭而过，远远的，小鹏听见了声音，循着声音，小鹏望见了在天空中翱翔的飞机。每当此时，他都十分兴奋地大喊："爸爸，妈妈，快看啊！"

爸爸总是会陪着小鹏一起看，并好奇地问他："你喜欢飞机吗？"

小鹏回答："喜欢啊，我也想飞得那么高。"

爸爸说："你可以的，只要你努力学习。"

小鹏那时并不明白爸爸的话，他不理解飞得高和努力学习有什么关系。

转眼，小鹏上了初中，初中的学习很紧张，小鹏学得很吃力，尤其是英语。于是，小鹏的爸爸和妈妈商量，为小鹏报一个辅导班，辅导班的费用对小鹏的家庭来说是一个重担，而且他家还有一个弟弟在上学。

小鹏体谅家里的难处，和爸爸说要辍学。爸爸对他说："这是你的未来，你要想清楚。辍学，然后和村里的其他孩子一样回家种地，可能一辈子都离不开村庄。你之前说想飞得像飞机一样高，其实，你完全可以飞出这个村庄，飞到你想去的任何地方。你的成绩并不差，只要你肯努力，考上重点高中根本不是问题。如果你想继续学习，我一定供你。"

此后，小鹏下定了决心，一定要飞出村子，去看更大的世界。他用功读书，终于实现了儿时的愿望——飞上蓝天，成了一名优秀的飞行员。

小鹏的故事令人深思，是父亲让小鹏明白，要勇敢地飞出村庄，去追求更广阔的天空。也正是父亲的远见，让小鹏拥有了不一样的人生。

事实证明，父母为孩子建立大格局是十分重要的，正所谓站得高看得远，拥有大格局，才能拥有不一样的斗志，改变自己的人生。

其实，梦想不一定要多么宏大，但一定要有，而且要让孩子真正看清自己的目标，有了目标，也就有了奋斗的意义，以及希望和未来。虽然一个人的成就和家庭条件及生活环境有一定关系，但能否拥有远大的格局和眼光，对他们的人生也会产生重要的影响。

　　有大格局的孩子，定不会因一时的失败而气馁，也不会满足于一时的成功。有大格局的孩子，不仅会学习，更会规划，会自觉去提高自己各方面的能力，为了未来而不懈努力。所以，有远见的父母会培养孩子的大格局，会让孩子见识不一样的精彩。

父母不要干涉太多，给男孩一些自由

随着现代社会的飞速发展，人与人之间的竞争越来越激烈，很多父母为了让孩子在未来的社会中立于不败之地，在孩子很小的时候就开始为他们规划未来的人生。但是，父母给孩子规划人生的时候，往往忽略了一点，那就是孩子喜欢什么，他们给孩子规划的人生是不是孩子想要的。在很多情况下，父母对孩子未来美好生活的描绘，其实是自己的一种愿景，是为了满足自己的欲望。比如，父母把年轻时没有实现的梦想寄托到孩子的身上，父母小时候的遗憾让孩子来弥补，其实这是一种非常自私的做法。

除了不关注孩子的喜好之外，很多父母都急于求成。当他们发现孩子没有办法达到自己理想的目标时，就会觉得孩子没有能力，会对孩子感到失望，甚至会通过辱骂、责打孩子的方式逼迫孩子不断努力，给孩子造成了巨大的心理压力，也影响到孩子的身心健康成长。

林达从小就喜欢滑雪，在幼儿园的时候父母就给他报了滑雪班，林达也很喜欢教练，每次去上课的时候都是开开心心的，而且晚上回来会跟爸爸妈妈讲很多练习时的趣事。

但是事情在林达上六年级的时候发生了改变。因为面对小升初考试，爸爸妈妈觉得林达的成绩不是特别理想，担心林达不能考上一个好的初中，将来更不容易进入好的高中，甚至会影响到孩子考大学和找工作，所以就停掉了林达的滑雪班。林达很懂事，他知道父母的担心，但是他真的热爱滑雪，所以跟父母进行沟通，告诉他们自己可以一边加紧学习，一边趁课余时间继续训练，两者并不冲突，他自己会好好平衡。但是爸爸妈妈始终觉得，学滑雪对于孩子的未来发展用处不大，对眼下的小升初考试更没有任何帮助，最终还是给林达停了滑雪课。

林达似乎被泼了一瓢冷水，虽然他也听爸爸妈妈的话，每天埋头学习，但是心里始终觉得委屈和不满，上课也变得心不甘情不愿，作业也常常完不成，最后的小升初考试结果可想而知。

故事中的林达就是典型的不被尊重的孩子，父母明明知道孩子的爱好是什么，但是依然要把自己的想法强加在孩子的身上，孩子虽然表面上听话，但是内心深处却对父母非常不满，因此学习的结果也不理想。

生活中像林达爸妈这样的父母有很多，他们只关心自己所关心的，他们为孩子设计好一切，好像只要孩子按照他们设定的路线去走，就一定能拥有美好的人生，其实这是一种自作聪明的做法。真正聪明的父母，会认真地观察自己的孩子，了解孩子哪些方面有天赋，然后因势利导，引导孩子走上最适合他们的发展道路，而不会逼迫孩子接受自己对孩子的设定，按部就班地照着自己的想法做事。真正聪明的父母，会把孩子培养成一个独立自主的学习者，而不是被动的接受者和没有思想的学习机器。

父母应该正视并尊重孩子的爱好，给孩子选择的权利，做一个通情达理的引导者。那么，具体应该怎么做呢？以下是几点建议：

1. 不要给孩子的人生设限

每个孩子都有自己的天赋，他们不是父母的附属品，更不是父母的复印件，父母认为好的发展方向，对孩子来说不一定就是适合的。孩子的人生还很长，他们在成长的过程中也许会慢慢发现自己喜欢干什么，适合干什么，想要干什么，这些都不应该被父母划定范围。很多父母为了弥补自己年轻时的遗憾，自私地给孩子框定了人生走向，他们的内心得到了满足，但是孩子很可能在多年后对此感到后悔，甚至会跟父母一样留下遗憾，将来也很有可能继续框定自己孩子的人生。父母应该给孩子自由发展、自由定位的权利，让他们创造属于自己的美好人生。

2. 让孩子自己做决定

孩子在慢慢长大的过程中，会树立自己的理想。他们的理想也许千奇百怪，甚至让父母难以理解。但是，只要他们的理想是正能量的，我们就应该给予充分的尊重。如果父母认为孩子的理想是不可行的，甚至是无法实现的，父母可以和孩子探讨这个理想的合理性，在与孩子沟通的过程中，心平气和地表达自己的想法，让孩子理解父母的用心。当父母的态度是可商量的，孩子便会明白，他们有最终的决定权，这样就不会觉得得不到尊重，反而容易接受父母的意见。

3. 量力而行，不要对孩子期望过高

很多父母觉得自己的孩子是"天之骄子"，只要努力，什么都能做得到。他们常常鼓励孩子"你是最棒的""你是不会失败的"，短期来看，可能给了孩子一定的信心，但是这种过高的期望对孩子来说是弊大于利的。一是当孩子没有达到父母理想的程度时，父母会感到失望和沮丧，而这种失望和沮丧会不自觉地传递给孩子，孩子的情绪也会因此受到影响；二是受到过高期望的孩子都不敢失败，如果失败了，他们的自信心就会受到严重的打击，甚至有可能影响他们价值观的形成，认为人生只能成功不能失败。因此，父母一定要根据孩子的实际情况，对他们提出合理的期待，而不应该期望过高，让孩子压力太大。

4. 给孩子充分的认可和鼓励

当孩子对自己的人生有了规划时，父母一定要给予孩子充分的认可和鼓励。无论孩子遇到什么样的问题，都不能打击孩子的自信心，当然也不能盲目地吹捧，要实事求是地表扬，适当地给予鼓励，让孩子知道，在成长的道路上，父母一直是他们的精神领袖和坚实的后盾。

有格局的父母，
不会将分数看得比孩子还重

父母常常担心孩子因贪玩而影响学习，所以就把自己的主观意愿强加到孩子身上，以分数、名次作为量化标准，为孩子立下学习目标，并且把孩子能否实现学习目标看作衡量孩子是否努力的标准。实际上，这个标准并不合理。

一天，小青刚刚拿到期末考试分数，一回到家，妈妈就迫不及待地追问："儿子，考得怎么样？各科考了多少分？"小青一边把书包放回房间，一边头也不回地告诉妈妈："妈妈，成绩还可以，但是……"听到"但是"二字，妈妈脸上的笑容突然消失了，转身回到客厅坐在沙发上，怒气冲冲地对小青说："我不想听到'但是'，我的要求你很清楚，每门考试都不能低于90分，你直接告诉我分数就行！"

小青紧张不安，躲闪着妈妈的目光："除了数学，其他科目都考了90多分。但是，数学题目太难了，我只考了83分……不过，我在班级里的排名是前20名，有好几个同学都不及格呢……"

妈妈火冒三丈："就知道和不及格的同学比，有没有上进心？

你们班有同学考 90 分以上吗？"小青轻轻地点点头，妈妈提高声音："人家能考 90 多分，你为何就不能？题目太难，考 90 多分的同学怎么不觉得难呢？别再狡辩了，就是你不努力！我告诉你多少次了，要想考上名牌大学，就要考上重点高中，必须从现在开始争分夺秒地用功，知道吗？每门功课都要高于 90 分，最好平均达到 95 分以上，这是我对你不变的要求，你记好了！"

小青小声嘀咕："又不是只有我说数学难，老师也说这次数学题目难。我非常努力了，老师还表扬我进步了呢……"

"还狡辩！"妈妈"噌"地从沙发上站起来，狠狠地打了一下小青的肩膀，"我告诉你，我不管题目的难度如何，也不管老师是否表扬你进步了，我只看分数！你这样的表现，也叫进步吗？你离进步还差很远呢！如果考不上重点高中，以后就考不上名牌大学，那你就找不到好工作，还有什么前途可言？这个星期六、星期日，你必须留在家里把模拟统考的题目再做一遍，不许去任何地方！"

事例中，妈妈对孩子的要求过于苛刻，把分数卡得太过严格，还因此打了孩子。在很多家庭中，经常发生这样的场景，甚至会发生极端的情况。

通常情况下，分数的确能够反映孩子的学习情况，父母完全有理由关心孩子的分数。但是，很多父母望子成龙，过于看重孩子的学习成绩，总是想方设法逼着孩子考取高分，却不知道这么做会给孩子带来严重的伤害。

首先，父母过分看重分数，会让孩子恐惧考试。在日常学习中，有些孩子表现良好，但是一旦到了考试的时候，他们就会特别紧张，担心自己在考试中失利。孩子越是担心恐惧，就越是容易出错，从而使成绩很糟糕。遗憾的是，很多父母都忽略了这一点，总是盲目地给紧张备考的孩子施加压力，导致孩子在心理上陷入恶性循环，身心健康受到伤害。

其次，过分看重分数，会打击孩子的自信心，伤害孩子的自尊心。孩子心思简单，天真纯洁，都很积极向上。哪怕是在学习上相对落后的孩子，也渴望着自己能够获得第一名。孩子偶尔得低分，父母不由分说地指责孩子，轻则辱骂，重则毒打，这会使孩子感到非常委屈，自尊心受到伤害。长此以往，孩子自暴自弃，对学习失去兴趣，甚至感到厌烦。要知道，哪怕孩子很聪明，对待学习努力用功，偶尔也有可能成绩不理想。如果父母把分数看得至高无上，对孩子的成绩提出无限度的要求，希望孩子在每次考试中都得高分乃至满分，这是很不理智的。

最后，过分看重分数，会使亲子关系陷入对立状态。孩子的认知非常直观，他们没有完全具备透过现象看本质的能力。特别是小学低年级的孩子，意识不到妈妈注重分数是出于好心，希望他好好学习，是爱他的表现。他只会记住自己因为没有得到满分被父母骂，还挨了父母的打；他也会记住，自己如果能够得到满分，父母就会高兴地表扬自己，还会慷慨地奖励自己。在这样的对比之中，孩子自以为认清楚一个事实，那就是父母并不喜欢他，而是只喜欢高分。就这样，孩子因为分数与父母产生隔阂，和父母的关系越来越疏远。

　　对待孩子的学习，父母如果过于注重分数，会导致很严重的后果。考试的分数无法代表孩子学习的质量，只能从某些方面表现出孩子的学习成果，此外，一张考卷无法决定孩子的价值。父母要对孩子充满爱，真心体谅那些因为成绩不理想而紧张焦虑的孩子，让孩子摆脱分数的奴役。

言传身教，同男孩一起成长

孩子在成长过程中与父母接触的时间最长，因此，父母的言谈举止对孩子性格、行为习惯的形成有着举足轻重的影响。常言道："孩子是父母的一面镜子。"父母的素质在一定程度上影响着孩子的素质。也就是说，孩子成为什么样的人很大一部分原因取决于父母，父母的素质高低对孩子的成长有着不可忽视的作用。

父母的素质包括两方面的内容，一是指父母自身具有的素养，是作为国家公民在社会活动中所表现出的行为举止、思想内涵等，如文化素质、思想道德素质等，这些属于基础素质。父母的这些素质在日常生活中对孩子有潜移默化的影响，这也是父母进行家庭教育的基础。二是指父母教育孩子应具备的素质，包括正确的教育理念、合理的教育方法、充足的教育知识和足够的教育能力等内容。

养育孩子很难，把孩子养好、教育好更难。在孩子出生那一刻，父母就相当于接受了一份难度极大的人生考卷，要思考各种问题：

孩子上哪所学校更好？用什么样的方式去教育和培养？父母要想把这份考卷答好，必须下一番功夫，用心作答。因为父母所具备的素质深深影响着孩子的行为习惯、处事态度乃至性格的形成，这些方面通常伴随着孩子的一生。

"子不教，父之过。"如果父母的素质比较低，那么孩子的素质相应地也会受到影响。大家也许都见过这样的情况：父母自己素质低下，将垃圾或烟头随手丢在地上，孩子便可能会仿效，以后也随地乱扔垃圾。可是当父母发现孩子这么做之后，就只会强硬地制止和批评，却不反思一下孩子的不良习惯是从哪里学来的，甚至有的父母连管都不管，因为自己就是那样做的。

邦邦的爸爸是一名出租车司机，休息时就沉迷于电视节目，很少与儿子谈心。但他对邦邦的学习要求却很严格，一心想让邦邦成为一名成绩优秀的学生，平时动不动就给邦邦讲道理，督促他认真学习，并要求他放学后不许出去玩，做不完作业不许干别的……一旦邦邦违反了规定，爸爸就会批评、责骂他，甚至还会动手打他。在邦邦爸爸看来，对孩子只要严格管教就行，但他发现自己费心费力地约束儿子，却没有任何效果，儿子的行为反而有变坏的趋势。邦邦的成绩在班里一直处于中下游水平，对人也没礼貌，还喜怒无常，这让爸爸很失望，也很担心，不知如何是好。

而另一个爸爸的做法和邦邦爸爸不同。他想让儿子每天都早起背英语单词，但儿子每天都起不来。为了改掉儿子赖床的坏习惯，这位爸爸每天早早起床，在家里大声地朗读英语单词。刚开始儿子没什么反应，但爸爸在接下来的几天一直坚持这样做，没想到过了大约一周后，有一天，爸爸刚开始读书，儿子就拿着书走了过来。从这天以后，父子俩每天都会早起读书学习，儿子也因此改掉了赖床的毛病。

每个孩子都在无形中仿效着父母的一举一动，父母乐观积极，孩子也会受到感染；父母不奢侈浪费，就能引导孩子养成节俭的习惯；父母孝顺长辈，就能引导孩子学会尊敬长辈；父母平时不说脏话，就能帮助孩子养成良好的文明说话习惯；父母遵守交通规则，就能引导孩子养成良好的安全文明出行习惯……这就是父母对孩子潜移默化的影响，从一言一行中对孩子的成长产生影响。要想成为合格的父母，就要懂得提高自己的素质，通过自己的言行举止在无形中教育孩子，使其及时改掉一些不良习惯。

家庭是教育孩子极其重要的场所。我们常说，父母是孩子最好的老师。的确，父母的言传身教对孩子性格的塑造、行为习惯的养成起着决定性作用，父母只有懂得科学的教育理念和方法，才能给孩子提供更好的成长环境。父母不管文化水平高低，也不管是否具备科学的教育知识，为了让孩子更好地长大，都必须在家庭教育方面下功夫，努力提高自身素质。家庭教育可以帮助父母有效提升生活质量，更好地帮助孩子成长，促进家庭关系的和谐与融洽。总之，其他所有教育都要建立在家庭教育的基础上。

苏霍姆林斯基是苏联著名教育家，他说："只有学校教育，而无家庭教育，或只有家庭教育，而无学校教育，都不能完成培养人这一极其细微、复杂的任务。良好的学校教育要建立在良好的家庭教育的基础上，而家庭教育是一门培养人的科学。"由此可见家庭教育的重要性。而倘若父母不提高自己的素质，孩子的素质可能就无法提高。父母可以从以下两个方面来提高自身素质。

1. 思想道德修养

我们常说，身行一例，胜似千言。父母对孩子提出要求，首先自己要做到，在思想道德修养方面更是要以身作则。比如，有正确的价值观和积极向上的人生观；无论对国家、社会还是对工作、生活，都要有高度的责任感；日常生活中遵纪守法，尊老爱幼，讲文明懂礼貌，爱护环境等。

2. 家庭教育能力

家庭教育是教育学中一门极其复杂的综合性学科，包括教育学、心理学、沟通学、美学、营养学、卫生学等多个方面。对父母而言，这些内容并不简单，也不要求人人都掌握这些知识，但父母最起码要了解孩子成长的必然规律，倘若对孩子的教育违背了这些规律，就会产生很大的危害。父母要遵循成长规律去教育孩子，例如，幼儿园年龄段的孩子没有足够的抽象逻辑思维能力，相对而言，其具象思维比较强，父母可以根据这个特点多引导孩子接触具象事物，通过实际接触，学习和了解一些知识。而不是揠苗助长，在不适合孩子学习的阶段强硬地给孩子灌输超出其理解能力的知识，这样做只会适得其反。

花样滑冰

言传身教

第二章

人格教育，孩子大格局的软实力

让诚信之光照亮男孩的人生

诚实是永不熄灭的火种，照亮世界的每一个角落；诚实是每个人都应该具备的品质，它会让世界变得更加美好。诚实的品格必须从小培养，我们一定要注意在平时的小事中让孩子学会诚实。

司马光是北宋著名政治家、史学家、文学家，然而他小时候非常淘气。

有一次，他和姐姐一起在父亲的书房里砸核桃吃，好不容易砸出了核桃仁，可是吃起来却很涩，姐姐对他说："涩味来自核桃仁外面的这层薄皮，把它剥掉就好了。"可这层薄皮很难剥，司马光和姐姐试了半天都束手无策。过了一会儿，姐姐有事离开了。

这时，正好有个女仆过来倒开水，看见司马光正在犯愁，问明原委之后，就教给了他一个好方法。女仆把核桃仁放到茶杯里，倒上开水泡一会儿，之后果然很容易就把那层薄皮剥下来了。

过了一会儿，司马光的姐姐回来了，她看到桌子上剥好的核桃仁，问司马光："这是谁剥的？"司马光神采飞扬地说："当然是我剥的啊！"司马光的话骗过了姐姐，可是一直在书房看书的父亲却知晓事情的原委。他见司马光如此不诚实，很生气，就把司马光叫了过来。父亲严厉地问他："这明明不是你剥的，为什么要说谎呢？你小小年纪就不学好，长大了还会有人愿意相信你吗？"

司马光因为说谎这件小事遭到了父亲的严厉批评，这让他牢牢记住了教训。从那以后，他决心改过，再也不说一句谎话。脍炙人口的"司马光卖马"的故事，离不开司马光的父亲在他小时候对他的严格教导。

所以，要想使孩子成长为一个讲诚信的人，必须从小就教会他诚实。因为说谎会形成习惯，慢慢地，他就会变得谎话张口就来。而谎言总有被拆穿的一天，到那时，谎言就如同炸弹一样，会炸碎一个人的信誉，炸毁别人对自己的信任，甚至炸出误解和怨恨。所以，要想让孩子走正途，就一定要培养孩子正直诚实的品格，这样他才能堂堂正正、受人尊重。

孩子撒谎的时候我们要及时批评教育，孩子信守承诺之时，我们也要及时予以肯定和赞扬，让孩子感到我们因为他的诚信而欣慰。还应告诉孩子，别人失信是他丢失了做人的准则，不应该因此而丧失了自己的诚信原则，更不能以说谎的方式来报复别人的不诚信，这样只会有损自己的形象，得不偿失。让孩子记住，诚信是他个人的事，与别人无关，他可能无法强求别人做到，但自己一定要做到。

孩子是否讲诚信在很大程度上取决于父母的教育。如果孩子经常谎话连篇、不守信用，父母要从自己身上找原因。要想让孩子成为一个讲诚信的人，必须从小就培养孩子讲诚信的品德。那么，父母该怎样做呢？

1. 要注意细心观察

孩子不诚实的行为往往具有隐蔽性，家长若不注意细心观察其实是不易发现的。如有的孩子偷偷拿别人的东西，或是在某件事上说了假话，这些现象未经严密观察就很可能错过，从而错失了教育机会。

2. 要创造一个宽松、和谐的家庭氛围

孩子年纪小，做事往往不会考虑后果，所以很容易做错事，而孩子很多时候说谎都是因为不敢承认自己做错的事。所以，家长应创造一个宽松、和谐的家庭氛围，因为只有家庭氛围和谐，孩子在爱的包围中长大，他才有安全感，才能信任别人，犯了错误才敢承认。

3. 制订一些关于诚信的家规

要制订一些规则约束孩子的言行，对于一些原则性问题，绝对不能模棱两可。比如，教育孩子借了东西一定要还，未经允许不能随便拿别人的东西，答应别人的事一定要做到，等等。一旦发现孩子在这些事情上犯了错，家长不能迁就姑息。

4. 父母要给孩子树立诚信的榜样

在日常生活中，父母一定要以身作则，父母如果说话不算话，孩子就会有样学样。有时候，一些父母为了劝孩子去做一些他们不愿做的事，就会同意孩子某些条件，可是事前已经说好了，事后却没有兑现。父母这样欺骗孩子，不但会对孩子的心灵造成一定的伤

害，还会让他们觉得不守信用是可以的。除了要对孩子说话算话外，父母在和别人的相处中也要讲诚信，只有这样才能给孩子树立榜样。

5. 对孩子进行诚信品质的教育

父母可以讲一些小故事和生活中的事例给孩子听，让孩子明白诚信是极其可贵的品质，对一个人一生的发展至关重要。小故事和事例要具有趣味性，这样孩子容易接受，也愿意听。诚信品质的教育必须从小培养，而且父母的要求要始终如一。这样，孩子长大以后才能成为一个光明磊落的人。

一诺千金的故事你听过吗？

我知道，妈妈昨天给我讲的是：一个叫季布的人说话算数。

对，得黄金百斤，不如得季布一诺。

让男孩拥有一颗感恩之心

现实生活中，很多父母都会无条件地为孩子付出，却从来不知道要教会孩子感恩，让孩子有回报父母的孝心。没有感恩之心的孩子是自私的，只有懂得感恩父母、回报父母的孩子，才能学会付出，学会感谢，学会实现自己的价值，回报社会。

在一次奥林匹克数学竞赛上，高中生小安获得了金牌。小安家境贫困，他的妈妈特别坚强，从来不向命运低头，反而无私地为孩子奉献所有。妈妈的所作所为小安看在眼里，记在心里。他满含深情地写了一篇文章献给妈妈，题目叫《妈妈是我最好的导师》。在这篇文章里，小安写道：

……跛着脚的妈妈正在为我擀面，这面粉是妈妈用积攒的五个鸡蛋和邻居换来的。前天，为给我多筹点儿学费，她推着一辆平板车去卖蔬菜，在路上不小心扭伤了脚。

端着碗，我哭了。我撂下筷子跪在地上，抚摩着妈妈肿得比馒头还高的脚，眼泪如同断了线的珠子一般滚落到地上……

我家太穷了，家里欠的债每年都在增加。我的学费是妈妈借来的，我总是把同学扔掉的铅笔头捡起来积攒着，把它用细线捆在一根小棍上继续用。我还会用橡皮把写过字的练习本擦得干干净净，再接着用。

我的妈妈常常以一种原始而悲壮的方式收割地里的麦子。她的力气不够大，无法把所有的麦子挑到场院脱粒，家里也没有钱雇人使用脱粒机脱粒。她是熟一块地就割一块地，然后用平板车把割下来的麦子拉回家。晚上，她在院子里铺一块塑料布，用双手抓一大把麦秆不停地摔打在一块大石头上……三亩地的麦子，她一个人全都割完了。干活儿的时候，她累得实在站不住，就跪在地上割，膝盖磨破了，走路一瘸一拐的……

为了让我填饱肚子，她每个月都要步行十多里地，为我批发20斤方便面渣，让我带到学校里吃。每个月底，妈妈都会扛着一个鼓鼓的面袋子，步行10里路到车站乘公共汽车，路途遥远地来城里看我。袋子里除了方便面渣，还有妈妈从6里外的一家印刷厂要来的废纸——我可以当作草稿纸用。还有一大瓶咸菜丝、一大瓶黄豆辣酱，以及一把理发推子。在城里，理一次发最便宜也要5元钱，妈妈来看我的时候就会给我理发，这样我就可以省下5元钱多买几个馒头吃。

在学校，我是唯一连食堂里的素菜都吃不起的学生，我每顿饭都吃两个馒头，回宿舍泡点方便面渣，就着咸菜和辣酱囫囵吞咽下去；我也是全校唯一用不起草稿纸的学生，我只能用一面印字的废纸打草稿；我还是全校唯一没用过肥皂的学生，每次洗衣服都去食堂要点碱面。即便如此，我从来不曾感到自卑。我的妈妈是一个向苦难、向厄运抗争的英雄，我为有这样的妈妈感到骄傲！

我要用我的整个生命感激一个人，那就是辛苦哺育我成长的妈妈。她是一个普通的农妇，但是她教给我的做人的道理却能够激励我一生。

在教育孩子的过程中，小安的妈妈没有被爱蒙蔽双眼，更没有被苦难的生活打倒，她始终清醒地认识到，无论生活多么艰苦，也要保证让孩子读书，让孩子常怀感恩之心，从生活中的点滴做起，回报父母！

很多孩子都不懂得回报父母的养育之恩，不是孩子太自私，不懂事，而是因为父母从来没有给过孩子机会表达感恩之情。父母要有意识地培养孩子的感恩之心和回报意识。羔羊跪乳，乌鸦反哺，而孩子又要拿什么来回报父母的艰辛呢？

辰东正在吃巧克力，妈妈正好下班回家，当即要求辰东分一点儿巧克力给她吃。辰东不同意，妈妈耐心地给辰东讲道理，然而，辰东还是不同意。这个时候，妈妈假装生气。看到妈妈生气了，辰东无奈地分了一半巧克力给妈妈。

事后，妈妈向辰东解释道："我并不是必须吃你的巧克力，我只是想让你从小就学会分享，拥有感恩之心，主动感谢父母，回报父母。"

妈妈特别喜欢仙人球，所以常常告诉辰东养花草的好处。有一次，妈妈带辰东去逛花市，看了很多仙人球，然而，她只是问了问仙人球的价钱，却一盆都没有买。她对辰东说："这里的仙人球简直太好看了，可惜太贵了。"

回到家里，妈妈始终都在惦记着那些仙人球，时不时地就会说起仙人球。很快就要到母亲节了，大街小巷都张贴着商家关于母亲节的促销广告，这些广告无形中提醒孩子要孝敬母亲。母亲节那天，妈妈刚刚下班回到家里，就看到桌子上摆着一盆仙人球，还有辰东写的一封信。辰东在信里写道："妈妈，您已经养育了我 12 年，我没有什么可以报答您的。我知道您特别喜欢仙人球，就用攒下来的零花钱买了一盆送给您，这代表了儿子对您的感激之情。"

妈妈欣慰地笑了，原来，这是她精心设计的课程，目的就是培养辰东的感恩之心。

让很多父母感到欣慰的是，如今有很多学校越来越重视对孩子的感恩教育。

有一所中学每年都会给学生布置特殊的任务，即要求孩子写一篇"亲情作文"。通过作文的形式，孩子可以更加深入地体念父母的辛苦和教养自己的恩情。学校借助这种方式，教会学生感谢父母，努力读书，勤奋学习，用成绩回报父母。为了家校互动，学校还会把学生的"亲情作文"寄给父母，让父母也加强对孩子的感恩教育。

"今天，当我找出各种理由为自己语文考试失利辩解时，原本以为妈妈会和我一起抱怨，想不到妈妈却严厉地批评了我：遇到任何事情，都不要给自己找借口，对就是对，错就是错。的确，当结果成为现实，我不该逃避责任，而应该积极地总结经验，从失败中吸取教训。我要感谢妈妈，她使我始终保持清醒，也督促我坚持进取。"这是一位中学生的感恩作文，情真意切，理解妈妈的用心良苦。

除了感恩父母之外，孩子还要感恩老师。马其顿国王亚历山大说："我尊重亚里士多德，就像尊重我的亲生父亲。我的生命属于亲生父亲，亚里士多德却赋予我生命价值的一切。"

老师教会孩子们知识，为孩子们打开知识的宝库。古今中外，很多有所成就的人都特别感谢老师。

有一次，陈景润登门拜访李文清教授。陈景润特别感激李文清教授，他始终牢记，正是李文清教授鼓励他向"哥德巴赫猜想"发起挑战。

李文清教授请陈景润进入客厅。陈景润对李教授说："我来到北京之后，一直不敢忘记老师的教诲和扶持。现在从事研究工作，我更加深切地认识到，老师曾经对我的指导和培养特别重要，是老师帮我打下了基础。"

随后，陈景润把前段时间刚刚发表的数学论文送给李教授，请李教授审阅。在论文的扉页上，他一笔一画地写道：

尊敬的李文清教授：

非常感谢您长期以来对我的指导和培养。

学生陈景润

他从随身带着的黑包中拿出一套国画图片、一包北京特产的糖果、一支烫着"全国人民代表大会"金字的铅笔，双手送给教授。告辞的时候，陈景润再三请求教授经常写信给他，多多指导他。

父母教育孩子感谢师长，要引导孩子从点点滴滴的小事做起，表达尊师重教之情。例如尊敬老师，不给老师增加烦恼，课间帮助老师擦黑板，主动给老师添茶倒水等。特别要教育孩子努力认真地学习，以良好的学习成绩回报老师的谆谆教诲。

在生命的历程中，每个人都会结交一些朋友。真正的朋友既能够同甘共苦，也能够在关键时刻助力孩子们解决人生中突如其来的困难和麻烦。一个人的成功与朋友的支持有一定的关系。

父母要教育孩子怀着平常心对待他人，也要热情慷慨地帮助他人，不要总是希望得到他人的回报。然而，对于他人给予的帮助，孩子们理应怀有回报的心意，做一个知恩图报、心怀感恩的人。

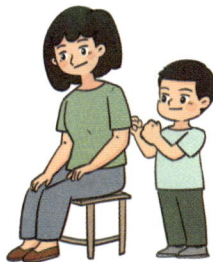

告诉男孩：勤俭节约永不过时

勤俭节约有利于提高孩子独立生活的能力，还可以充分发挥每一件物品的价值，它既是对父母劳动的尊重，又是对创造财富的劳动者的尊重。

爱默生曾经说过："节俭是你一生中享用不完的美丽宴席。"这句话告诉我们，勤俭节约可以让人受益终身。可是，现如今很多孩子都存在花钱大手大脚的问题，他们对勤俭节约嗤之以鼻。在这个物质丰富的时代，如何让孩子抵制各种诱惑，树立正确的消费观和价值观，是所有父母都要重视的问题。

沐辰跟着父母走进一家服装店，他看上了一套某明星代言的运动衣，迫不及待地跑到试衣间试穿。几分钟过后，他从试衣间出来，要求父母给他买下这套衣服。母亲皱着眉说："你自己的这身衣服不是上周刚买的吗？"沐辰却说："我那套衣服已经落伍了，同学们现在都喜欢这一套。"父亲摇了摇头，无奈买下了他手中的运动衣，然后对妻子说："现在的孩子根本不懂得节俭，我前几天批评他花钱如流水，他却理直气壮地说'不花钱怎么能学会赚钱'。"

社会主义荣辱观告诉我们："以艰苦奋斗为荣，以骄奢淫逸为耻。"这句话指出了艰苦奋斗、勤俭节约的重要性，它不仅是全社会必须重视的品德锤炼和价值构建，更是中华民族的传统美德和民族精神的精髓。在生存环境比较恶劣的过去，人们非常重视艰苦奋斗的精神；在生活日益改善的现在，艰苦奋斗的教育却常常被忽视。尤其是在一些经济状况比较好的家庭中，父母往往对孩子有求必应，艰苦奋斗的教育常常被抛之脑后。

我们来看下面的一个小故事：

一对年轻夫妇带着刚上小学的儿子逛街，在街上遇到一位卖鲜花的老奶奶。父亲给了儿子一些钱，让他买 20 枝鲜花。儿子虽然不理解父亲为什么要买这么多鲜花，但还是照做了。当他把 20 枝鲜花拿回来时，父亲给他出了一个难题：按原价把这 20 枝鲜花卖出去。在父母的帮助下，儿子花了很长时间才将鲜花卖完。此时儿子感到口干舌燥、筋疲力尽。接着，父亲让儿子去问卖鲜花的老奶奶，卖一枝鲜花可以赚多少钱。原来卖花的利润并不高，儿子算了算，卖 20 枝也赚不了多少钱，而且既费时间又费口舌。于是，儿子抬起头说："爸爸、妈妈，原来赚钱这么难啊，我以后再也不乱花钱了！"母亲称赞他是个聪明懂事的好孩子。后来，这个男孩就养成了节俭的好习惯。

这个故事中，父亲经过认真思考，给儿子创造了亲自赚钱的机会，让儿子明白了节俭的原因，达到了很好的教育效果。

要想培养孩子勤俭节约的好习惯，父母可以试一试下面几种方法：

1. 让孩子自己的事情自己做

有些家长奉行"再穷也不能穷孩子"的育儿原则，这种教育观念不利于培养孩子勤俭节约的习惯。孩子成长的关键是学会认识生活的本来面目，逐渐适应外面的世界，而不是整天待在父母营造的舒适环境中，只知道享受和挥霍。

对于那些孩子自己能够完成的事情，父母不要一味地包办代劳，而应该放手让孩子独立完成。即使是比较有挑战性的事情，父母也不要因为担心累坏孩子而不让他尝试。多给孩子一些锻炼自己、体验生活艰辛的机会，有利于孩子独立自主能力的培养，这样才能更好地应对未来的挑战，享受美好的生活。

2. 不可忽视劳动环节

劳动是培养孩子艰苦奋斗精神的最好切入点。一些发达国家的生活条件比我们优越，但是仍然很重视培养孩子的劳动意识。在西方国家，很多家庭非常富裕，父母依然常常安排孩子体验父辈们做过的苦活累活，例如，从井里挑水、用石磨磨豆子、用木柴生火等。在日本，家长在孩子外出旅行前，总是让孩子自备帐篷和行李，便于孩子在野外宿营。这些家长不只是为了提高孩子的劳动能力，还为了让他们从原始的劳动中受到启发，培养孩子艰苦奋斗、勤俭节约的美德。这些父母的教育理念和方式值得我们借鉴和学习。

为了提高孩子的劳动意识，培养孩子吃苦耐劳的精神，父母还可以让孩子经常参加一些社会公益活动，比如陪孤寡老人聊天、主动打扫社区卫生等。

3. 要重视消费教育

随着人们生活水平的提高，追求生活品质已成为一种风尚，父母给孩子花的钱也越来越多。很多孩子是纯粹的消费者，没有体验过赚钱的不易，需要钱时就向父母索取，养成了花钱大手大脚的坏习惯，再加上和同龄人的盲目攀比，对名牌、时尚的过度追求，奢侈浪费现象层出不穷。

因此，父母不能过分宠爱孩子，应尽早对孩子进行消费教育，帮助孩子培养正确的消费意识和理财观念。

4. 家长要做到言传身教

有的家长常常教育孩子要勤俭节约，自己却大手大脚地花钱；有的家长要求孩子艰苦奋斗，自己却贪图安逸、追求享乐。父母自己都做不到勤俭节约，怎么能让孩子做到呢？父母总是口头上说要节俭，可是实际表现出来的却很奢侈，这会让孩子对父母的话产生怀疑，产生"勤俭节约只是做样子"的误解。

在日常生活中，父母的观念和行为很容易被孩子效仿。因此，抵制奢侈生活的巨大诱惑，树立良好的消费观念，养成理性消费的习惯，需要家长和孩子共同努力。当孩子消费时，父母应该给出合理的建议，比如孩子想买某件衣服，父母可以给孩子提供合适的款式、品牌，让孩子学会在自己经济承受范围内适度消费。另外，父母在为自己选购衣服时，也要做到理性消费，起到良好的示范作用。

每一位家长都应该意识到，艰苦奋斗的精神永远都不会过时，让孩子学会勤俭节约是世界性的共识，也是孩子成就非凡事业的必备品德。

别惯出以自我为中心的男孩

　　现在的孩子通常有一个较为明显的心理倾向，那就是以自我为中心，他们界限感模糊，常常通过最原始的方式来表达自己内心最真实的想法。

　　比如，一些孩子在看到别人家的玩具时就想"占为己有"，其实这个时候的以自我为中心是孩子早期自我意识发展的必然阶段，他顺手去拿只是意味着孩子对这个玩具非常喜欢，这属于正常的发展现象，只有过了这个时期，孩子才会变得成熟。再如，家里来客人时，孩子会叽叽喳喳，表现得异常活泼好动，有的时候他们会在客人面前跑来跑去，有的时候还会拿各种玩具给客人看，这种人来疯也属于本能的一种反应，家长没必要过于焦虑。但是当孩子长到9～10岁，他就能够脱离以自我为中心的世界。这个时候，如果孩子还是缠着客人，说话、做事以自己的需求为基准，稍不如意就大发脾气，那就表明孩子是以自我为中心。

　　7岁的凯凯，性格很强势。比如妈妈在打扫家务时不小心碰到了他的东西，他一定要妈妈跟他道歉、说好话；反之，如果是他在玩乐的过程中不小心冲撞了别人，却怎么也不肯道歉。为此，妈妈跟他说了很多做人的道理，但是他一句也听不进去，后来妈妈甚至还体罚过他，但都无济于事。

上个星期的某一天，凯凯从学校回来之后，一直闷闷不乐，妈妈问及原因，才知道原来那天手工课上，老师表扬了很多同学，但就是没有表扬他。妈妈好说歹说，帮他分析了很多可能的情况，但他还是一直闷闷不乐。直到妈妈答应他第二天去找老师问个究竟，凯凯才转悲为喜。

凯凯就是以自我为中心的典型代表。其实这个时期的孩子出现这样的情况也不足为怪，一方面，它是孩子自我意识发展时期的一种本能反应；另一方面，现在的孩子很多都是独生子女，是被家人捧在手心里的"小公主""小皇帝"，家里有什么好吃的、好用的都是尽着孩子来，久而久之，孩子就成为别的孩子眼中的"自私鬼"。和同学相处久了，孩子还会因为"以自我为中心"和别的同学发生一些摩擦。

那么面对以自我为中心的孩子，父母应该怎么做才能帮其克服这种心理障碍呢？

1. 鼓励孩子多交朋友

通常情况下，4岁以上的孩子已经开始接受学校教育，其生活和社交环境都会发生很大的变化。这个时候家长一定要帮助孩子从孤独的自我环境中走出来，鼓励其与同学、邻里发展友谊。当然，家长还可以建议孩子把自己新交的朋友带回家里玩，也可以鼓励孩子去别人家里做客。另外，家长也应该鼓励孩子多帮助他人，比如，给贫困学生捐款，帮同学照顾宠物等。在与他人交往的过程中，孩子就能慢慢走出狭隘的自我世界，学会关心他人、体谅他人。

2. 鼓励孩子参加集体活动

参加形式多样的集体活动是培养孩子集体荣誉感和合作意识的有效途径，也是帮助孩子走出以自我为中心的一种有效手段。在孩子参加集体活动之前，父母要教育孩子谦让、守礼、乐于助人；在孩子参加集体活动之后，父母要与学校老师保持一定的联系，了解孩子在集体活动中的表现，并耐心倾听孩子在集体活动中的感受，以此来帮助其做出更好的行为调整方案。

3. 杜绝娇惯、溺爱的行为

溺爱和娇惯是误入孩子口中的毒药，聪明的家长从来不会让娇惯、溺爱扼杀孩子的独立性，消磨孩子的进取心，反之，他们会让孩子吃苦、流汗，养成艰苦朴素的生活作风。而培养勤劳、朴实的品格正是避免孩子自我中心化的一个重要过程。

4. 帮助孩子养成宽容别人的习惯

要想让孩子克服自私狭隘的自我观念，家长可以通过换位思考的方法教孩子站在别人的角度为别人着想。比如在活动课上，别的小朋友不小心撞到了自己的孩子，你可以告诉孩子"那个犯错的小朋友还小，身体平衡能力不强，我们应该原谅他""那个小朋友没有看到你，他不是故意撞的，所以值得被原谅"。这种宽以待人的教育理念会慢慢地帮助孩子摆脱以自我为中心的习惯。

5. 引导孩子养成尊重他人的习惯

不尊重他人是孩子以自我为中心的一个具体体现，家长要想帮助孩子消除这一思想的顽疾，首先就得让孩子学会尊重他人，让孩子学会换位思考，替他人着想。

6. 教育孩子学会分享与合作

教育家陈鹤琴先生说过："随便什么事，你要小孩怎么做，做什么样的人，学什么样的事，求什么样的知识，研究什么样的问题，你要有一个法宝。什么法宝呢？那就是鼓励！"因此，要想培养孩子的分享和合作意识，家长需要耐心鼓励孩子与别人分享，一块橡皮或者一本书，都可以成为孩子与他人分享的对象。

另外，家长还可以引导孩子通过堆积木、过家家等一些具体的游戏，让孩子认识到合作的重要性。如果孩子能从与他人的友好合作中感受到快乐，他就可以消除自我中心意识。

有教养的男孩才受欢迎

肖宇现在是一个五年级的学生，可是说话依然没大没小，而且不管是在家里还是在外面，丝毫没有礼貌。

前不久的一个周末，肖宇带了很多同学到家里来玩。肖宇的妈妈特别高兴，于是急忙去给孩子们准备水果和零食。就在她兴奋地端着糖果走进肖宇的房间时，听到孩子们高兴地对儿子说："老大，最近你都做什么呢，怎么总不见你？""你小子最近怎样呀？"妈妈一听就心里不舒服，她放下糖果，正准备向旁边一个男孩子询问情况，谁知，肖宇一把将妈妈推出了房门，说："你忙你自己的去，别管我们！"妈妈最后只好出了肖宇的房间，先去做自己的事了。

肖宇的房间里时不时地传出聊天的声音、音乐声、电视剧角色的对话声，肖宇和同学们玩得非常起劲。肖宇的妈妈做完自己的事，就坐在客厅听房间里的动静。她发现肖宇在和同学说话时经常冒出一些不文明用语，比如"你小子""小心我揍你"，肖宇的同学们说话也这样。肖宇的妈妈特别担心孩子这样不文明的习惯会影响孩子以后的人际关系。

良好的礼仪修养是一个人走向社会、走向成功的基础。礼仪修养，简单来讲就是教养。相对而言，一个有教养的孩子走出去更受人欢迎。

可是在现实生活中，许多父母却不注意对孩子文明习惯的培养。有些父母认为，孩子还小，不懂礼仪没关系，等长大了自然就懂了；有些父母则认为，现在是一个非常自由的时代，只要学习好、有真本事，有没有文明修养根本不重要。事实上，这都是误解，是以偏概全，不利于孩子健康成长。

父母忽视对孩子教养的培育，深受其害的是孩子。所以，父母要在孩子小的时候就教导他们文明礼仪。

那么，怎样才能让孩子更有教养呢？

在教育孩子养成良好的文明习惯时，可以从三方面进行，一是家庭，二是出门做客与家中待客，三是公共场合。

在家庭中，父母要刻意地对孩子进行良好的礼仪习惯训练，比如，早上起床后，要向父母或其他长辈说早安，出门的时候要向父母打招呼，回家后要向父母问候，吃饭时尽量不说话，就算要说也小声说，学会帮父母盛饭，晚上临睡时要向父母道晚安，等等。

父母是孩子的榜样，言传身教，所以父母自己要讲究礼仪，夫妻之间互相尊重，也要尊重孩子。比如有一件事需要孩子帮助时，不要以强硬的态度命令孩子，而要对孩子说："请你……好吗？"当孩子帮忙后，妈妈不要忘了说一声"谢谢"。这样一来，孩子就会懂得尊重自己，尊重父母，慢慢地，在为人处世上就会懂得尊重他人。

父母发现孩子开始说脏话时，要在第一时间严厉制止。同时，要寻找到孩子说脏话的原因。例如，观察自己和家里人有没有不经意间说了脏话，被孩子模仿和学习，孩子身上的很多问题，有时候"根源"都在父母身上。找到了孩子说脏话的原因，就要有针对性地解决。如果是在某种不良环境中学来的脏话，比如身边有爱说脏话的同学等，这时，父母就要有意识地限制孩子同爱说脏话的同学来往；另外还可以和老师取得联系，借助老师的力量，帮助其他孩子养成文明礼貌的习惯；还有一种方法是和说脏话的同学的父母取得联系，大家共同努力帮助孩子养成讲文明懂礼貌的习惯。

除了和家人相处要礼貌，父母还要注意教导孩子礼貌待客。在这方面，父母们可以学习一位作家对儿子的教导。

作家的儿子小宝小时候怕见生人，每当家中来了客人时，他因为害怕，总会做出一些不太礼貌的举动。有一年，这位作家去上海赶一项编辑工作，就将十三四岁的小宝也带了去，打算让小宝帮着抄写抄写。一天，来了一个小宝不认识的客人，这位客人与作家交谈了很长时间，小宝也没有去同客人打招呼。客人与作家谈完后，便过来跟他打招呼、告别。小宝顿时愣住了，他显得局促不安，不知道如何是好。

等到把客人送走，作家语重心长地问小宝："客人向你打招呼告别，你怎么对人家不理不睬呢？"他教导小宝，客人来了，应该为客人端茶递水，为了表示恭敬，一定要用双手奉上。接着又说："客人送你什么东西的时候，你一定要躬身双手去接。躬身表示谢意，双手表示敬意。"小宝将父亲的话牢牢记在心里，后来果然学会了如何待人接物。

父母应该教导孩子，面对客人要主动打招呼并问候；客人坐下后，要及时为客人倒茶、端水果等；在父母同客人说话的时候，不能随意插嘴；在客人要离开时应该礼貌挽留。假如自己的同学、朋友来家里玩，要愉快地将自己的玩具和其他孩子分享，大家一起玩才更有趣，要尊重其他孩子。

到他人家里做客时，告诉孩子要保持整洁，这是对主人的尊重；要主动同主人问好；要谈吐文雅，不要粗声粗气甚至说脏话；接受食物、礼品时要道谢；没有得到主人允许，不能随便动用主人家里的东西，不能随意打开主人家的抽屉；告别时，要说感谢的话。孩子可能一时记不住，这时父母就要适时提醒孩子。

有一个 5 岁的孩子，他总是记不住向帮助自己的人说"谢谢"，为了解决这个问题，妈妈和孩子商量了一个办法：如果孩子忘了说"谢谢"，妈妈就轻轻地将手放在他的肩膀上，温和地注视着他。这种间接提醒的方式比直接用语言提醒孩子要好得多，因为保护了孩子的自尊。经过一段时间的提醒，孩子就会慢慢习惯下意识地给提供帮助的人说"谢谢"了。

每个人都具有社会性，都属于社会人，因此父母要教导孩子在公共场合保持礼仪。比如，教导孩子在公共场合不要随便剔牙、挖鼻、掏耳、搔痒、抠脚等；在拥挤的人群中，人与人之间互相挤撞，这时要持理解、宽容的态度，不能恶言恶语；要求孩子遵守公共秩序，如遵守交通规则，不闯红灯，不横穿马路；在公共汽车上要向年迈体弱的老人让座；在剧院、图书馆等场合，要保持安静；等候电梯时，要站在门口一侧，遵循先出后进的规则；不随地吐痰，不随地大小便等，爱护公共环境。

不该撒谎

儿子，你今天把作业完成，明天我带你和妹妹去水族馆。

太棒了！

第二天。

我们出发吧，我的作业全部完成了。

哇！

他的作业没有完成。

老师，我错了。

爸爸，我以后再也不撒谎了。

做人一定要诚实。

节约用水

① 暑假，乡村奶奶家。

奶奶，您为什么把淘米水留着呀？

淘米水还可以洗菜呀！

②

③ 水资源不能随意浪费。

④ 我们老师也说过，要"节约用水"！

第三章

告诉孩子，胸怀与成功成正比

胸襟百千丈，才是大格局男孩

　　宽容是一种人生智慧，是对别人的释怀，也是对自己的善待。一个人的心胸越宽广，越能得到他人的尊敬和爱戴。

　　一个美国富翁有着美丽的洋房和宽阔的花园，他的财富令很多人羡慕。为了保护好自己的财富，富翁在自己的房子周围修建了高高的围墙。

　　春天到了，富翁的花园百花齐放，浓郁的花香穿过围墙在小镇飘散开来。

　　花香吸引了小镇上的孩子们，他们觉得富翁的花园里藏着美丽的花仙子。于是，有着好奇心的孩子们计划到花园里一探究竟。

　　在一个月光皎洁的夜晚，孩子们搭着人梯闯入富翁的院子里，踩坏了不少美丽的花草。他们虽然小心地沿着墙走，但还是被巡夜的保安发现了，然后被赶出了院子。

　　富翁因此非常生气，把这件事告诉了自己的好朋友。

　　朋友听后问："为什么不拆了围墙呢？"

　　富翁忧愁地说："花园倒是没什么，可我的洋房里有很多宝贝，拆掉围墙就会给窃贼可乘之机！"

朋友说："围墙？你那围墙都拦不住一群孩子，更何况是诡计多端的盗贼呢？你不妨拆掉围墙，可能会更加安全。"

富翁觉得朋友的话有些道理，便将信将疑地拆掉了围墙。

小镇上的孩子们听说富翁拆掉了围墙，便自由自在地进入富翁的院子，寻找他们向往已久的花仙子。遗憾的是，花园里根本没有花仙子，只有种类繁多的花草。

富翁的朋友邀请孩子们来到客厅，请他们吃了一顿美餐，然后对他们说："你们就是花园里的'花仙子'，欢迎常来这里玩！"孩子们听后无比开心，经常带着家里的小动物们来花园玩耍。

富翁拆掉围墙的消息也传到了一伙盗贼的耳中，他们早就听说富翁家里有很多金币和珍宝，因为担心围墙上有危险的防护设施，就一直不敢贸然潜入。

一天晚上，富翁已经安然入睡，几名蒙面的盗贼闯入院子。他们刚进入花园不久，就被在花园玩耍的孩子们发现了。有的孩子跑进洋房通知富翁，有的孩子趁盗贼们不注意喊来了小镇上的人。结果，盗贼们连金币都没见到就被赶来的小镇居民抓住了。

为了表示感谢，富翁举办了一场盛大的宴会，邀请了小镇的所有居民。在感谢宴上，富翁站在台上说："我要诚挚地感谢大家，你们使我明白一个道理——世界上只有敞开的花园才最安全、最美丽！"富翁的话获得了热烈的掌声。

雨果曾经说过："海洋已经很宽阔了，可是天空比它更加宽阔，而人的胸怀比天空还要宽阔。"让你的孩子从小就学会宽容吧，一个胸怀宽阔的人更容易取得巨大的成功。

宽容是做人的至高境界，是一种博大的胸怀。做到宽容不仅要懂得礼让他人，还应该主动关心、帮助他人。当孩子因为别人犯了错而和自己发生冲突时，应该让孩子宽容别人，用冷静、友好的态度解决矛盾。

孩子拥有丰富多彩的生活，每天都可以跟同学学习、劳动、玩游戏。但是他们也会产生矛盾，例如，有些孩子控制不住自己的情绪，因为冲动对同学大打出手，险些酿成大错；有些孩子因为误解和同学闹别扭，好朋友最后变成了陌生人；有些孩子将同学的无心之举牢记在心，变得易怒和孤独等。如果孩子养成宽容的习惯，这些问题就能轻易得到解决。

父母培养孩子宽容的习惯，可以从以下几点做起：

1. 告诉孩子人与人之间要"互谅"

宽容是一种智慧和力量，是包含爱心的体谅；宽容是原谅别人的错误，甚至宽恕别人对自己造成的伤害。父母应当教孩子学会宽容他人，不要太计较个人恩怨，这样孩子将来才可能成就非凡的事业。互谅就是要相互谅解，善于站在对方的角度考虑问题。父母应该让孩子明白，每个人的成长环境是不同的，不能强求别人和自己一样，因此要努力谅解他人，这样往往也能得到他人的谅解。

2. 告诉孩子人与人之间要"互让"

互让就是看淡个人得失，将私心杂念都扔掉，学会互相谦让。让孩子懂得礼让他人，把困难留给自己，勇于承担责任，这样可以让孩子赢得别人的尊重和关心，有利于形成良好的人际关系。

3. 告诉孩子人与人之间要"互爱"

互爱就是不计较性格差异，学会互相关心。爱可以包容万物，让不同性格的人和谐相处。爱是相互的，只有学会关爱别人，才能得到别人的关爱。

总之，宽容可以让孩子形成良好的人际关系，有利于孩子成就非凡的事业，父母要从小就培养孩子这种美德。

鼓励男孩勇于放飞理想

每个孩子都有理想，理想具体指什么呢？难道只有立志成为科学家、文学家等，才能称为理想吗？当然不是，这种理解是很片面的。想要有所作为，这就是一种理想；想要成为孝顺父母的孩子，这就是一种理想；想要拥有幸福美满的家庭，这也是一种理想……总而言之，人应该在社会中找到属于自己的位置，承担起责任，做一个自尊、独立、自强的人，这都是伟大的理想。

法国大文豪巴尔扎克曾经说过："只有伟大的理想，才能孕育出伟大的天才。"父母切勿抹杀孩子的理想，而是要引导孩子树立理想，敢想敢干，这样才能为孩子未来的成功埋下种子。只有理想远远不够，还要加上实际的行动，才能让孩子的未来充满无限的可能性。

常言道："心有多大，舞台就有多大。"有理想是孩子的天性，每一个孩子都要有理想。对孩子而言，丰富多彩的理想是宝贵的财富。事实告诉我们，每个人的成功都是从理想开始的。理想越大，人生就越开阔。从这个意义上来说，人的一生能获得怎样的成功，很大程度上取决于这个人在童年时期的理想有多大。

孩子树立远大的理想，人生的天地才会更广阔。孩子一旦树立理想，理想就会成为驱动孩子前进的动力。父母一定要让孩子树立理想，展开人生的翅膀，自由地翱翔。父母还要告诉孩子，只要不忘初心，永远怀揣美好的理想，早晚能够获得梦寐以求的成功。

父母如何才能帮助孩子树立理想呢？

1. 发掘孩子的特长，培养孩子的兴趣

人生只有以兴趣和特长为基础，才能确立目标，树立理想，因为兴趣和特长都是来自孩子内心深处的愿望。很多父母不曾意识到这一点，总是会把自己的兴趣强加到孩子的身上，还让孩子肩负起父母没有完成的心愿，并且以此为基础规划孩子的人生，这只会导致事与愿违。父母要知道，只有以尊重孩子的兴趣为前提，才能帮助孩子树立人生目标。

2. 激发孩子对理想的向往

实现目标的道路不仅很漫长，而且很艰难，孩子常常会因为畏难而放弃。父母要尽量为孩子创造有利于实现理想的条件，让孩子付诸行动。还可以给孩子讲一些名人故事，激发孩子对未来的向往。

3. 协助孩子把目标分解

树立理想之后，最重要的是从现在做起，正所谓"千里之行，

始于足下"。父母要根据孩子的心态，以孩子目前的状况为基础，帮助孩子制定合理的目标。例如，期末考试在即，短期目标是认真复习；暑假来了，要读几本经典的好书，参加社会实践活动；假如孩子有能力考上名牌大学，那么引导孩子确定考名牌大学的中期目标……当孩子持续实现阶段性目标，就意味着孩子距离实现理想越来越近。

4. 督促孩子朝着理想的目标迈进

古人云："有志者立长志，无志者常立志。"很多中学生今天看到科学家取得了伟大的成就，就立志成为一名科学家，明天看到演艺明星风光无限，又想成为一名演员，后天可能又突然有了新的想法，觉得成为一名生物学家也很好……这些现象都很正常。怎样才能帮助孩子"立长志"呢？父母要随时了解孩子，把握孩子的心态。鼓励和肯定是行之有效的办法，特别是在孩子取得进步时。

5. 让孩子树立符合社会需要和个人实际的理想

青少年尤其喜欢憧憬未来，但是常常不切实际，好高骛远。父母既要保护孩子的好奇心，切勿对孩子的理想冷嘲热讽，也要帮助孩子认识自己。让孩子拿出一张纸，在纸上列出自己的优势和劣势，和孩子一起认真地分析自身的情况，树立符合实际的目标和理想。父母不要对孩子提出过高的要求，而是要对孩子因材施教。孩子想要成为伟大的科学家、作家固然好，有很多孩子的确可以通过努力实现理想，然而，大部分孩子都要度过平凡的一生，从事普通的职业。所以对孩子和父母来说，心态平和地树立理想更为重要，只要成为对家庭、对社会有用的人，孩子的人生就是有价值的。

父母切勿抹杀孩子的理想，而是要培养孩子的勇气，让孩子敢想、善想。

让忌妒远离男孩

忌妒是一种复杂的负面情绪。一个有忌妒心的人，在看到别人在名誉、才能或者其他方面超越自己时，会不由自主地对对方产生厌恶、猜忌，甚至是憎恨的情绪，自己也会因此变得焦虑、恐惧，并为此感到羞耻。人一旦深陷忌妒，往往会给自己和他人带来很多困扰，情况严重的，甚至会对别人做出不可思议的伤害行为。如果一个孩子对别人产生了忌妒心理，是一件非常可怕的事情，这甚至会影响到孩子的未来。所以，父母一定要帮助孩子，将忌妒的萌芽扼杀在摇篮之中。

丁洋的学习成绩一直很好，爸妈都很宠他，也常常在别人面前夸奖自己的儿子。因为成绩好，丁洋在学校里也是老师很喜欢的学生，所以无论在哪儿，丁洋总是一副高傲的表情，在他的心里，自己最优秀，没有人能比得上他。只要和同龄人在一起，他总是喜欢对别人的语言或行为指手画脚，对别人的优点却从来视而不见，因此，丁洋虽然成绩优秀，却没有几个谈得来的朋友。

有一次，舅妈带着大丁洋两岁的表哥来家里做客。丁洋知道，表哥的学习成绩也不错，但是他觉得表哥一定不如他，所以有意想在众人面前和表哥比试一番，借这个机会表现一下自己。在大家吃过午饭闲聊的时候，丁洋主动提出要和表哥玩成语接龙的游戏。大人们没有在意丁洋的话，表哥是个比较内向的人，一开始也没有表态。丁洋哈哈大笑地对表哥说："表哥，你是不是怕输呀？哈哈哈……我们不玩很难的，就玩成语接龙嘛！谁说错了就给对方加一分，最后输了的人请吃冰激凌，怎么样？"说完之后，还不忘强调自己在班里玩成语接龙是第一名，谁都赢不过他，表哥如果愿意认输也可以直接放弃比赛。大人们都没把丁洋的话放在心上，但是丁洋却不依不饶地非要表哥和他玩。

丁洋的爸爸妈妈见儿子如此有兴致，便也鼓励表哥跟丁洋玩，还说输了也没关系，都是表兄弟嘛。表哥看了一眼自己的爸爸妈妈，他的爸爸妈妈微笑着默许，于是，表哥接受了丁洋的挑战。丁洋心里喜滋滋的，他下定决心，要在众人面前把表哥 PK 掉。可是，令人意想不到的是，三轮成语接龙玩下来，丁洋完全不是表哥的对手，表哥已经赢了十几分，丁洋只有三分。每次接龙的时候，表哥总是说得又快又准，反而是丁洋，轻易就败下阵来。眼看着胜负已定，丁洋要在众人面前丢人了，气急败坏的他抓耳挠腮，对着表哥大喊："你也没什么了不起的，不就是比我大两岁吗？等我再长大一点儿，才不会输给你呢！"说完就跑出去了，留下一群大人面面相觑，场面十分尴尬。

一个孩子拥有好胜心是非常正常的，但是当看到别人比自己优秀就气急败坏、难以接受，那就是一种不正常的心理状态了。很明显，丁洋不愿意接受自己不如别人的事实，对超越自己的人只会用敌视甚至是仇视的眼光看待，这就是忌妒心理在作祟。

忌妒心强的孩子，是很难接受别人的优秀的，他们的自信是一种毫无自知之明的盲目自信，这种孩子在集体中也并不受欢迎。

容易忌妒别人的人，就会对人冷淡、刻薄，因为不愿意承认别人的优秀，会选择对别人进行打压，甚至是以诽谤的方式发泄内心的情绪。忌妒心就像一条毒蛇，盘踞在孩子的内心深处，如果不加以处理，会慢慢啃噬孩子纯洁的心灵，让孩子的心理越来越扭曲。那么，父母应该如何帮助孩子消除忌妒心呢？我们可以试试以下几种方法：

1. 判断孩子对他人的忌妒是不是争强好胜的表现

如果孩子只是争强好胜，表现出不服输的状态，父母就可以教育孩子，既然不愿意认输，就要通过努力证明自己，获得比别人更大的成就，而不是通过一味地否定别人来达到心理平衡。

2. 教育孩子学会欣赏别人的优点

每个人都是优缺点的集合体。这个世界上不存在完美的孩子，也不存在一无是处的孩子，因此家长要教育孩子，在真实客观地认识自己的同时，也要看到别人的优点，对别人取得的成绩要发自内心地赞美，并以谦虚的态度向他人学习，争取让自己也变得同样优秀。

3. 帮助孩子摆脱自卑的困扰

有些孩子上一秒还是自信满满，在遇到比自己更优秀的人时，就有可能突然变得沉默寡言，自伤自怜起来，他们可能在某一个小团体中是表现最好的，但是拥有这样的心态，势必难以走向更宽广的世界。当孩子因为别人做得好而开始自我怀疑，甚至是有自卑表现的时候，家长一定要及时开导孩子，告诉他们，某一方面做得不如别人，并不代表自己就是最差的，每个人都有不同的闪光点，要看到自己的优点，不断改正缺点，这样才能变得更好。家长要有意识地培养孩子的自信心，告诉他们，哪怕是受到了打击，也要奋起直追，做不服输的孩子。

忌妒有时会催人奋进，可更多的时候会将一个人拖进伴随忌妒而生的扭曲的深渊。孩子要健康地成长，就要割掉心中忌妒的毒瘤，做一个积极向上的人。孩子并不能及时认识到自身存在的忌妒以及忌妒带来的危害，这时就需要父母做好引导。忌妒的对面是宽容，所以父母要教会孩子宽容，让孩子的未来更美好。

别让男孩成为斤斤计较的人

家庭教育对人的成长具有深远的影响，是一个人接受的最早的教育形式。对懵懂、天真的孩子来说，父母就是他们模仿、学习的对象，父母的言行举止会潜移默化地影响孩子。如果父母经常宽以待人，孩子就会学着宽容大度；如果父母总是斤斤计较，孩子就会变得心胸狭窄。因此，要想让孩子学会宽容，父母应该以身作则，在日常生活中宽以待人，使孩子感受到宽容是一种美德。孩子能不能学会宽容，关键在于父母。

小冯刚工作没几年，被安排到某小学担任一年级班主任。由于缺乏经验，她经常在工作中犯错误，没少被领导批评。

一天下午，学校进行大扫除。小冯给班里的同学分配了任务，每个人都积极劳动，很快就将教室打扫干净了。她检查了大家的工作，给那些表现好的小朋友每人奖励了一朵小红花。

放学后，小冯让孩子们排好队，在学校门口等待自己的父母来接。没过多久，龙龙的爸爸来接龙龙了，可是小冯发现龙龙不在队伍中，这可把龙龙的爸爸急坏了。小冯赶紧到学校里寻找，最后在教室里找到了龙龙。她刚打开教室门，就看到了在讲台上大哭的龙龙。原来在她锁门时，龙龙刚好蹲在地上捡东西，等孩子收拾好书包走到教室门口时，才发现自己被锁在了教室里。

龙龙看到爸爸来接他，感到更加委屈，抱着爸爸哭得更厉害了。小冯非常恐慌地站在一旁，望着可怜兮兮的龙龙，她担心龙龙的爸爸会严厉斥责她，然后再向校领导反映她的过失。

出人意料的是，龙龙的爸爸并没有为此生气，而是蹲下来给孩子擦干眼泪，小声在孩子耳边说："冯老师不是故意将你锁在教室的，她一发现你不在队伍中，就立刻到学校里面寻找，不但吓了一大跳，还累得满头大汗。既然爸爸找到了你，你是不是也应该安慰一下冯老师？"

龙龙听了爸爸的话后，牵起老师的手说："冯老师，您不要担心，我没事的。"

我们必须承认，龙龙的爸爸很会教育自己的孩子。对于小冯的粗心大意，他不仅没有责备，反而让孩子去安慰老师，足以看出他是一位宽容大度的家长。在那些不懂宽容的父母眼里，老师误把孩子锁在教室，这是不能轻易饶恕的，至少也要痛骂一顿。可是龙龙的爸爸非常理性，他知道小冯因为年轻而经验不足，所以才会犯一些错误。如果他怪罪和责备小冯，只会让她更加难过。而且他很清楚，自己的言行会影响孩子的成长。要是他责骂和批评小冯，孩子会看在眼里、记在心里，以后再遇到同类事情，孩子也很可能对别人的无心之过斤斤计较。

在没有步入学校之前，孩子待人接物的方式主要是和父母学习的。父母能够跟周围人友好相处，不对一些小事斤斤计较，孩子就会随着父母的脚步，在与他人的相处中，逐渐学会宽容、大度、友善、乐观。父母应该通过言传身教让孩子明白，每个人都有自己的优点和缺点，谁都不是完美的。所以要学会宽容地和他人相处，不要得理不饶人，这样自己也能活得更轻松。

那么，家长应该怎样做才能给孩子树立宽容的好榜样呢？

1. 不过高地要求孩子

降低要求也是一种宽容。父母要根据孩子的能力要求孩子，别让孩子做那些难度太大的事。对孩子要求过高会使孩子产生巨大的心理压力，也容易让孩子学会过高地要求别人，和宽容之道相悖。

2. 不一味地指责孩子的过错和不足

"人非圣贤，孰能无过？"成年人犯错误尚且不可避免，更何况是孩子呢？父母发现孩子犯错之后，不要一味地批评、指责，而应该引导孩子认识到自己的错误、发现自己的不足，耐心地帮助孩子改正错误。在父母的宽容和耐心之下，孩子也能逐渐学会宽容。

3. 父母对人要宽容

既然是给孩子做榜样，父母应该先学会宽容待人，不仅要对家人宽容，还应该对邻里、朋友宽容。在和他人产生矛盾时，如果对方犯了错误，父母不要得理不饶人，应该学着淡化自己的得失，包容对方的错误，孩子也能在潜移默化中学会宽以待人。

4. 给孩子足够的空间

孩子的健康成长需要一定的自由，父母应该给予孩子足够的身体和心灵空间，使孩子在相对宽松的氛围下生活，这样有助于孩子形成宽容的品质。在日常生活中，父母不要给孩子制定太多规则，过多限制孩子的自由，只要孩子的言行符合道德、法律，可以让他适度地表现自己。在相对自由的空间下成长的孩子，能够将父母的这种宽容用到人际交往中，从而更容易接纳别人的观点和行为。

为了让孩子形成宽容的好品质，父母的言传身教是必不可少的，同时也要让孩子明白什么是真正的宽容。宽容不是胆小和懦弱，也不是无原则地逃避和忍让，更不是盲目顺从和人云亦云。父母应该让孩子明白，宽容也要分清对象。对那些坏人坏事，绝对不能妥协和退让，否则只会让其得寸进尺。

恰到好处的宽容，让男孩更易成功

小岳和小良是从小到大的好朋友。因为两家人住得很近，而且年纪又相仿，因此二人关系非常亲密。可是有一天，小良放学后却哭着跑回了家，妈妈问他怎么回事，小良难过地说："小岳踢了我一脚。"但是另外一边的小岳也一脸委屈地告诉自己的妈妈，小良今天踩坏了他心爱的铅笔盒。

两家大人细问之后才知道，原来两人当天在学校里发生了一件不愉快的事情：课间休息的时候，小良的腿绊在了桌腿上，一个趔趄正好踩到了掉在地上的一个铅笔盒。小良一回头，发现那个被踩扁的铅笔盒正好是小岳的。

后来，回到座位的小岳发现自己的铅笔盒坏了，气得咬牙切齿，还没等小良仔细向他解释，就朝着小良的屁股狠狠地踢了一脚。此后的很多天，两个人都气鼓鼓的，一个觉得自己打人没错，另一个觉得自己很委屈，所以彼此都不愿意搭理对方。

小岳的妈妈了解了事情的前因后果，觉得孩子间的矛盾应该让他们学着自己解决，于是她找到儿子，语重心长地说："孩子，试想一下，假如你今天不小心弄坏了妈妈的发箍，你希望妈妈怎么对待你？"小岳歪着脑袋想了想，说："我希望妈妈原谅我，因为我真的不是有意的。如果妈妈不原谅我，打了我，我会觉得很难过。"

妈妈听完笑呵呵地说："同样的道理，你因为一个铅笔盒而打了小良，那他就不难过、不伤心吗？要知道，他也不是有意要踩你的铅笔盒，而是有人不小心碰了他，他支撑不住自己的身体才踩到你的铅笔盒的。"

小岳听了妈妈的话，觉得自己也有做得不对的地方，应该原谅小良的小失误。于是他主动到小良家给他道了歉。而小良也感受到小岳的宽容，暗自下决心以后一定小心一些，此后两个小伙伴又在一起愉快地玩了。

雨果曾经说过："世界上最宽阔的是海洋，比海洋更宽阔的是天空，比天空更宽阔的是人的胸怀。"宽容是孩子在人际交往中的一大法宝，如果孩子在与人交往的过程中能做到宽容，那么他一定能团结同学，结交更多的朋友，为自己营造出愉快的生活和学习氛围。

但是，要做到宽容并不是一件很容易的事情，我们要求一个小小的孩子包容自己的同学、朋友和身边的人，甚至包容那些伤害自己的人，这确实有点难。可反过来说，如果孩子真的能练就这样的勇气，拥有这样宽厚的胸襟，那对他以后的人生将会有很大的帮助。因此，家长应该从小教育孩子学会宽容。

1. 父母要做好孩子的榜样

孩子可以说是父母的复制品。如果父母在生活中心胸狭窄、斤斤计较，那么孩子也很难养成宽容的品格。因此，要想培养孩子的宽容之心，父母首先要遵守对关爱他人、平等、谦虚等处世原则；其次，父母还要以一颗宽容之心给孩子以直观而生动的行动引导，这样孩子在耳濡目染之中才会拥有一颗宽容之心。

2. 及时纠正孩子的霸道行为

孩子的霸道行为也是阻碍其形成宽容性格的一大障碍。想要逐步改善孩子的霸道行为，家长可以通过以下两种方式实现：

（1）让孩子认识到个体的差异性。每个孩子都是一个独立的个体，他们有自己的特征，比如，有的小朋友身材矮小，有的小朋友偏胖，有的小朋友不擅长体育运动等。家长应该通过对比分析，让孩子认识到这样一个事实：每个人都有自己的特征，我们不能因为别人的这些差异而看不起他。

（2）借助具体事例教育孩子。在生活中，我们每天会遇到很多与宽容有关的事情，家长可以借此机会让孩子认识到缺乏包容会有哪些危害。当然，父母也可以通过电影或电视剧中描述的某个场景进行一次关于宽容的亲子教育。

嫉妒是一把刀

学会宽容

第四章

自主成长，自律的孩子更有大格局

自律的男孩，格局更大

　　放眼现在的家庭教育，我们会发现，很多家长总是舍不得让孩子受半点委屈，孩子想要什么，立马双手奉上，孩子在这种有求必应的环境下长大，必然学不会克制忍让，其自律能力也无从谈起。

　　自律对一个长久自觉遵守社会规范的成年人来说，也许并不是什么难事，但是对一个中枢神经系统尚未发育完善的孩子而言，其神经冲动传导缓慢，易于泛化，自律能力自然就比较弱。另外，再加上家长有求必应的行为，这就必然会助长孩子的欲求心理。

　　在现实生活中，孩子的不自律主要体现在两个方面，一是欲求的对象过分。嘴里刚刚吃完一个棒棒糖，立马要求再吃一个；刚刚买了新玩具，看见别人家的玩具好，又想买一个。二是欲求的时间过分。不管什么时候，不管什么场合，只要有需求，就必须立即满足。看见超市里卖的篮球、商店橱窗里摆放的布娃娃，立即要买，即便家长觉得没有必要购买，孩子也会哭闹着要求家长立刻满足。

　　其实孩子出现这种欲求过分、不懂自律的行为，完全是因为家长不懂得延迟满足。在婴儿时期，家长立即满足孩子大声啼哭的吃奶需求完全正常，但是等孩子长大懂事，家长应懂得延迟满足，给孩子这样的解释：面条还在锅里煮着呢，再等一两分钟就好。即便让孩子多哭几分钟也没有关系，慢慢地他就会在等待的过程中学会忍耐，学会克制自己的欲望，增强抵制诱惑的能力。下面鸣鸣的妈妈就是通过这种方式培养孩子的自律意识的。

鸣鸣小的时候，有一次，妈妈在厨房蒸包子，鸣鸣放学后饿着肚子跑回了家，他看见锅里热气腾腾的包子，叫嚷道："妈妈，我要吃包子。"

"包子还没有熟呢，再等 10 分钟吧。"

"我肚子咕咕叫，已经等不及了，现在就要吃。"鸣鸣不依不饶地说。

"鸣鸣，包子蒸不熟吃了会肚子疼的，如果你实在饿得不行了，可以先拿饼干垫一下肚子。"

"不，不，我就要吃包子。"

妈妈了解鸣鸣的心理，也知道他的自制能力不好，难以抵制外在的诱惑和内在的欲望。为了让鸣鸣学会等待和忍耐，她干脆走出了厨房，不再和鸣鸣搭话。

过了 10 分钟，鸣鸣又跑到妈妈身边，焦急地说道："10 分钟已经过去了，我要吃包子。"

这时包子的确已经蒸好了，但为了锻炼鸣鸣的耐心，妈妈并没有立刻把包子端在鸣鸣的面前，而是柔声安慰道："鸣鸣乖啊！现在还不能吃，包子虽然蒸好了，但是吃的时候很烫嘴，你还需要再等一会儿。"

"不，就算烫嘴我也不怕，我现在就要吃！"鸣鸣哭闹起来。

"鸣鸣，你已经长大了，有些时候要学会忍耐，不是你想干什么，就能干什么的，如果你继续纠缠下去，包子就不给你吃了。"

鸣鸣生气了，他哭着跑进了自己的房间。

过了一会儿，妈妈把晾好的包子放在了餐桌上，然后对鸣鸣喊道："呀！韭菜鸡蛋馅儿的包子真香啊！现在可以吃了。"

鸣鸣听到妈妈的话，仍然不理不睬，妈妈知道他还在生自己的气，于是并没有理会他，接着干别的事情去了。又过了一会儿，鸣鸣从房间里探出了头，他看见桌子上放着香喷喷的包子，于是三步并作两步，跑到餐桌前吃了起来。

鸣鸣的妈妈用"等一等"的方法有意识地提高了孩子的自控能力，从而使其自律能力得到了进一步的提升。然而在现实生活中，很少有父母能理智地对待孩子的过分欲求。在日常生活中，我们可以看到很多父母为了满足孩子立刻喝到水的请求，一次次地把热水从大碗倒进小碗，又从小碗倒进水瓢，一边手忙脚乱地利用众多容器散热，一边还不断地用嘴吹，恨不得立刻就把常温的水送到孩子的嘴边。然而，这种被动的满足并没有真正帮到孩子，虽然孩子暂时的愿望得到了满足，但是他的耐心变得越来越差，自律能力也变得非常差。尽管父母已经在尽力满足孩子的需求，尽力安抚孩子的情绪，可是他们依旧急得直跺脚，甚至任性地哭闹。

为了避免这种情况的发生，家长们应该以鸣鸣妈妈为榜样，以延迟满足为手段，让孩子明白这个世界并不是以他为中心的。让孩子明白，学会自律，学会抵制身边的诱惑，学会控制自己的情感和欲望才是明智的选择。

另外，家长应该注意，培养孩子自律意识和能力应该从孩子能理解大人的话开始，这个时候，孩子能在大人的指引下知道什么事可为，什么事不可为，只有知道了这些，孩子才能正确评价和判别自己的行为是否适宜。一般来说，如果孩子的年龄不大，家长们可以通过培养其生活习惯来提升其自律能力。比如，让孩子按照一定的作息时间睡觉，按照科学的生活方式，准时吃饭、学习、阅读等。这些条条框框在刚开始执行的时候确实有一定的难度，但是随着时间的推移，孩子们会在家长的监督下形成一定的习惯，而这种习惯其实就是一种自我控制和自我约束。

此外，值得注意的是，父母在为孩子制定各种卫生习惯、劳动习惯等行为准则时不宜过于详细。过于烦琐、详细的准则会破坏孩子的独立性，挫伤他们的创造力和开拓性，进而影响其积极健康地成长。因此，为了避免这种情况发生，家长只需抓住主要问题即可，至于社会道德规范和社会责任等方面的教育，等到孩子长大以后再进行也不迟。

最后，家长还应该知道，孩子自律能力的发展与其自觉性和坚持性不无关系。所以，为了提升孩子的自律能力，家长还应该通过培养孩子的良好行为习惯来启发孩子的自觉性。另外，家长还可以通过体育锻炼等磨炼孩子的意志力。

家长如果采取以上的相关措施之后，孩子的自律能力还是得不到改善，那么一定要冷静下来，思考自己的教育方法是否得当。一般来说，如果父母以生动活泼、寓意深刻的故事形式来教导孩子，孩子是很乐意接受的。这种教育方式可以帮助孩子改变一些不良习惯，并使其逐步成为一个具有较强自制力的人。

优秀的男孩，都学会了自立

很多孩子在生活中很难独立完成一些事情，因为他们已经习惯了父母的搀扶和陪伴，很难主动挣脱父母的手，父母此时应该主动放开孩子，让孩子自立，或者说"逼"孩子自立。因为只有真正自立的孩子，才能在面临各种人生困难的时候更积极地想办法解决，才能成长得更优秀。

小智即将成为一名高中生，但还是很多事情都依赖妈妈，不愿意自己独立完成。有一次，妈妈答应小智，周日的时候带他到商场买衣服，但是因为妈妈单位临时有事要加班，不能陪小智去，便让小智自己去。可是，小智纠结来纠结去，还是没法儿自己去，他缠着妈妈撒娇："妈妈，妈妈，你陪我嘛！我不想自己去。"妈妈说："可是你已经要上高中了，你买衣服也会有自己的眼光吧，而且那个商场你又不是第一次去，妈妈真的是有事要忙，这一次你自己去好不好？妈妈可以先把你送过去。"虽然妈妈耐心地劝小智，但是小智最终还是没有自己去，在家里闷闷不乐地待了一整天。

其实，小智依赖妈妈的问题不仅体现在这件事上，很多时候，小智都是让妈妈帮他做决定，妈妈想给小智报兴趣班，问小智的意见，小智说"都可以"。小智的班主任安排同学们完成一次街头采访活动，小智也要拉着妈妈去，妈妈说这是他自己的事，要独立完成，小智却央求妈妈在路边看着才行……

其实，小智就是一个典型的不能自立的孩子，在他的意识里，似乎一个人是没办法完成任何任务的，只有妈妈在身边，他才觉得有安全感。有这种心态的孩子，在将来的生活中也很容易去依赖别人，难以独立地解决生活上或工作上的难题。

老张是一家装修公司的老板，已经在行业内做得风生水起的他，有一个聪明上进的儿子。身边的人都说，老张培养了一个优秀的儿子，以后不愁没有接班人，但是老张却不这样想，他说："虽然我希望他能继承家族企业，但是，一是我要看孩子是否愿意，他的志向是不是在这儿；二是就算他喜欢，他愿意，我也不可能一开始就让他到这儿来，他需要的是磨炼，年轻人只有自己吃够了苦头，才知道自己奋斗的重要性，如果一开始就待在我身边，很难说他不会一味依赖我，那他就永远成长不起来。"

老张是这么说的，也是这么做的。儿子大学毕业之后，他丝毫没有插手儿子的工作问题，而是让儿子自己去找实习单位，从最基层的工作干起，他看着儿子在职场跌倒、受伤，一点点地成长。老张说，他也会心疼，但是他不想让自己的庇护和扶持成为儿子成长道路上的绊脚石。他知道，只有这样，儿子才能拥有独立的人格，将来才能有更大的作为。

在现实生活中，有很多孩子什么都依赖父母，完全不懂得自立的意义。在家庭中，不做家务的孩子比比皆是，他们甚至连自己的衣服、袜子都不会洗，更有甚者，上学起床都要爸爸妈妈叫很多遍才肯起来，没有一点儿独立承担责任的意识和能力。当然，这种现象与孩子所受到的家庭教育有着直接的关系，正是因为父母事无巨细的关心和没有原则的庇护，才会让孩子没有底线地索取，不负责任地做事。

那些过于依赖父母的孩子，将来离开了父母的怀抱，势必还会依赖别人，一旦脱离了他人的庇护和帮助，往往会变得不自信、没主见，甚至表现出胆小怕事的特点，遇到问题的时候唯唯诺诺，甚至会在面临人生的重要选择时彷徨失措，止步不前。

过于依赖父母的孩子，还很容易没有安全感，他们虽然希望别人给予一定的帮助，或者提供一些意见，但是又不能真正地对别人敞开心扉，很难交到真正的朋友，因此内心常常感到孤独。这样的孩子很难独立对某些事物做出准确的判断，也很难在社会生活中表现出一个人格健全的人该有的创造力。

那么，到底应该怎样帮助孩子摆脱对父母或他人的依赖，成为一个足够自立的人呢？以下是几点建议：

1. 帮助孩子摆脱依赖心理

在生活中，如果父母发现孩子有依赖心理，一定要严肃对待，必要的时候态度可以强硬一点儿，用强制性的手段帮助孩子进行纠正。比如，孩子做作业的时候总是马马虎虎，不是这里落一个字母，就是那里少一个汉字，但是每次父母帮助孩子纠正了，他也不以为意，下次依然会错，因为他知道反正父母会帮他找出来改正。这个时候，父母就可以告诉孩子："作业是你的，检查作业也是你的任务，不要想着所有的事都由爸爸妈妈代劳，不然你下次就带着你的错误去交给老师吧！"这样孩子既能明白父母是为他好，也能明白自己的事情应该自己做，在一次次的改正中，慢慢地就会摆脱原来那种依赖的心理。

2. 适当地对孩子提要求

随着孩子年龄的增长，他们的自主意识和独立意识也在增强，父母要根据孩子的情况，适当地给孩子提出一些要求，比如，帮助父母做一定量的家务，完成作业之后自检，或者是鼓励孩子参加一次目的地较远的郊游等……当孩子完成了父母提出的要求，他们内心会得到满足感和成就感，下一次就更愿意独立完成任务。

当然，不同年龄段的孩子，父母对其提出的要求应该是不一样的。如果对孩子提出的要求过于简单，对他们来说没有什么意义，也就很难起到良好的效果，如果提出的要求太难，就可能打击到孩子的自信心。一般来说，2～3岁的孩子可以要求他们自己穿衣吃饭、上洗手间等；3～5岁的孩子，可以要求他们在大人的协助下一起收拾房间，或者吃饭的时候帮助大人分发餐具等；6～10岁的孩子则可以要求他们洗衣服，或者做简单的饭菜等，当然，父母也可以协助孩子一起做一些手工作业。

无论要求孩子做什么，父母都应该坚持一个原则，那就是多鼓励，少批评。哪怕孩子做得不是很好，只要孩子认真做了，父母就应该由衷地赞美孩子，让孩子有信心继续努力下去。

3. 鼓励孩子多动手动脑

有些孩子已经养成了依赖他人的习惯，这个时候父母就要注意引导孩子自己多动手动脑。比如，孩子做作业遇到不会的难题时，不要急着给孩子讲解，而是要鼓励孩子换一种思路再思考一下；孩子非要妈妈帮忙洗衣服时，妈妈可以明确地表示拒绝，并且告诉孩子，每个人都应该完成属于自己的任务，妈妈要洗妈妈的衣服，孩子也应该洗孩子的衣服。

总之，一个孩子只有足够自立，才能拥有良好的人格，这样既能得到身边人的认可，又能为将来的个人成长打下牢固的基础。所以，如果父母是包办型的，就一定要学会大胆放手，让孩子自己去探索世界、掌握技能，相信孩子会做得很好。

鼓励男孩来"当家做主"

早在古代社会，修身、齐家、治国、平天下就已经备受推崇，很多人以此来自我提高，从"齐家"开始培养自己的管理能力。民间有句俗语："穷人的孩子早当家。"借助于"当家"的契机，父母可以提升孩子的能力。孩子只有从小就体会生活的艰辛，才容易获得成功。在穷困的家庭中，孩子得到更多的机会锻炼自己，磨炼意志，提升能力。在从小"当家"的过程中，孩子将学会合理规划自己的生活，为未来规划人生奠定基础。这些能力都是如今很多孩子所欠缺的。很多父母都会盲目地让孩子参加各种辅导班，这种行为很有必要反思：孩子真正缺少的是什么？很多父母因为盲目溺爱孩子，无形中忽略了培养孩子最重要的能力。

也许有些父母会认为孩子还小，等到长大了，他们自然就会知道该做什么，所以现在不需要对孩子提出太高的要求。这些父母不知道，只有在生活的点点滴滴中用心培养，才能帮助孩子产生责任感，发展组织能力。日常生活中，如果父母事无巨细地为孩子安排好，就不要指望孩子会在将来的某一天突然具备组织能力，这简直是痴心妄想。当前独生子女状况调查结果显示：在中国，有至少

60％的独生子女从未做过家务劳动，其他孩子每天也只有12分钟用来劳动。正是这样的现状导致很多孩子依赖性强，懒惰自私。大多数父母在教育观念和教育态度方面存在误区，从而直接影响到家教的质量。父母要在孩子力所能及的时候，鼓励孩子参加相应的家务劳动，培养孩子对自己、对家庭的责任心，也提升孩子做好家务劳动的能力。渐渐地，孩子的组织能力会有所提升，对整个社会的责任感也会有所增强。孩子将会成为一个合格的"社会人"。

日本思想家福泽谕吉曾经说过："教育就是授人独立自尊之道，并开拓躬行实践之法。"儿童时期，孩子正处于品性能力形成与发展的关键时期，可塑性特别强。孩子虽然年纪还小，却拥有独立的人格。父母要适时教育孩子，耐心地指导孩子，为孩子分配合理的家务劳动，让孩子在家里承担一定的责任，这样才能培养孩子独立思考、自我管理的能力，也能提升孩子的自控力，让孩子在亲自做好家务活动的过程中增加见识，丰富体验，并且形成良好的应变、组织能力，增强孩子的责任意识。

父母要适时放开双手，让孩子在参与生活实践的过程中获得更多的能力。在父母的帮助下，孩子会渐渐地参与生活，适应生活，最终成功地驾驭生活。

孩子是家庭的成员之一，尽管父母觉得孩子还不懂事，但是随着年龄的增长，他们每天都在向父母学习，掌握社会的生存法则。孩子会模仿父母的一言一行，即便长大成人，他们也会受到幼年时学习和模仿父母的影响，最终形成习惯。有些孩子在成长之后，还会把从父母那里受到的影响延续到自己的孩子身上。

很多父母在家里来客人时，总是以各种理由支走孩子。这是因为父母担心孩子在客人面前吵闹，影响大人之间的沟通，或者担心孩子在客人面前有失礼行为，让客人感到不高兴。其实，这么做失去了教育孩子的好时机，因为在会客的过程中，父母可以教会孩子怎样招待好客人，还可以让孩子学会待客的礼仪。随着不断地成长，孩子终将会用到这些知识。父母既然不希望孩子缺乏礼数，就要抓住这个机会对孩子言传身教。

父母要理解孩子的好奇心，也要尊重孩子的求知心理，主动邀请孩子参与会客，让孩子有礼貌地出场，有礼貌地与客人对话，适度地表现自己。这样能够让孩子学到书本之外的知识，如讲文明礼貌，有素质和涵养，待人接物要有分寸等，并且能够锻炼孩子的胆量，培养孩子的语言表达能力，让孩子学会随机应变，使孩子得到更多的锻炼机会。这么做还可以丰富孩子的阅历，增长孩子的见识。所以，当家里有客人到访时，父母无须支走孩子。

让孩子参与家庭的"经济管理"，能够培养孩子对家庭的责任感，让孩子清楚父母每个月的收入是多少，家里每个月需要多少钱用于日常开支，多少钱用于突发事件，还要预留多少钱备用。孩子们只有懂得了这些，才会积极主动地为家庭理财出谋划策。如果父母能够正确引导，帮助孩子形成合理消费的观念，那么当再次去商场，孩子就不会向父母提出各种不合理的要求，而是会乖巧懂事、勤俭节约。

父母要引导孩子参与家庭中的各种事务，孩子才能尽早地了解每个家庭成员的责任、整个家庭的规则，以及生活的辛苦与快乐，这是很有必要的。孩子会很乐意接受这种方式，这会让他感到自己在家里是不可或缺的，所以他会积极主动地发表意见，为家庭建设贡献力量。这对于培养孩子独立、有主见的性格是大有裨益的，还可以培养孩子分析问题、处理问题的能力。这么做比单纯地指挥孩子、苍白无力地说服孩子更有力度，效果也更好。

很多父母都为繁杂的家务事感到头疼，一定要引导孩子珍惜父母的劳动成果，不能任性妄为，想做什么就做什么。例如，很多孩子会把妈妈辛苦整理好的房间弄得乱七八糟，会把自己的玩具、书籍随处乱放等，这些都是需要注意的小细节。

迟早有一天，孩子会长大，不得不独自面对生活。父母让孩子从小亲身参与真实的生活，体会生活的艰辛和不易，这有助于孩子的身心健康，也能够丰富和充实孩子的心灵，让孩子健康快乐，这是所有父母都期待看见的。

不要代替男孩去思考

　　每个孩子都是家里的宝贝，孩子遇到难题，一些父母总是不假思索地第一个冲上去帮忙解决，很少要求孩子自己去思考并想办法解决难题。即使孩子有强烈的独立思考的意愿，父母也可能会以"你还小""这对你来说太难了"等为由，主动"帮忙"。长此以往，孩子有了难题就交给父母解决，自己坐享其成，也就不愿意自己思考了。孩子在成长过程中无法体验思考的过程和独立解决难题的乐趣，慢慢地也就丧失了独立思考的兴趣和能力。这对孩子的学习和成长都是不利的。

　　5岁的伦伦正在参加幼儿园举行的思维能力比赛，其中最后一项是拼图，小朋友们需要将画在十来个小木块上的图案拼成老师手里的那幅画。显然，伦伦遇到了困难，他来回摆弄着那些小木块，却总拼不成功。爸爸在一旁看着，似乎比伦伦还紧张。在看到伦伦又一次将小木块摆在了错误的位置后，爸爸忍不住小声说："这块应该在这里。"说着还想伸出手帮助伦伦摆方块。

　　没想到，还没等老师提醒，伦伦就一把将爸爸的手推开了，自己继续努力研究。过了一会儿，老师看小朋友们一个完成的都没有，说可以让父母帮忙拼一块，但是总积分要扣两分。小朋友们多数都接受了父母的帮忙，但伦伦却再次拒绝了爸爸的帮助。看到其他小朋友的进度超过自己，伦伦虽然有点儿动摇，但还是仔细地对照图片进行观察，并不断摆弄小木块。又摆错几次之后，伦伦终于成功了。由于有几个小朋友已经在他前面完成了，所以这次比赛，伦伦总分为第三名。看着他骄傲的样子，爸爸忍不住说："你要是让我帮忙，就能得第一名了。"伦伦说："我已经知道该怎么拼了，为什么要让你帮忙呢？"

伦伦的爸爸就是希望代替孩子思考的父母的典型。他想要满足孩子的获胜心，却忽略了孩子独立思考的乐趣和独立取得成功的成就感。幸好伦伦坚持了自己动手，并且凭自己的实力取得了值得骄傲的成绩。

相信多数父母在看到自己的孩子在一些非常简单的问题上反复思考却不得要领时，都会忍不住出手帮一把。实际上，他们的"好心"常常会办坏事。他们忽略了孩子和自己在知识、阅历等方面的客观差距，用自己的想法来代替孩子进行考虑，对孩子来说却是帮了"倒忙"。这样做看起来是帮助孩子获得了新知识，实际上却可能扼杀孩子独立思考、独立解决问题的意愿和能力，反而成了剥夺孩子独立思考能力的"罪魁祸首"。

孩子的所有举动都是他们自主思维的结果。由于他们的大脑发育不成熟，且没有形成正确的人生规范，犯错是在所难免的。这时父母就要起到纠正的作用，告诉孩子什么是对的，什么是错的。但是，这不代表父母可以成为孩子的"全权代理人"，不给孩子自己思考的机会，不让孩子体验不停地尝试、做错、改正的过程。这样，孩子就无法构建起自己的思维模式，思维能力的发展也就无从谈起。所以，父母万万不能因为心急或想让孩子取得好成绩，就剥夺他们独立思考的机会。总是出手帮助，孩子虽然能体会一时成功的快感，但长期来看会得不偿失。

公园里，一个小男孩坐在沙堆旁玩装沙子的游戏，身边放着一个小铲子、一个小漏斗和一个瓶子，妈妈在一旁看着他。小男孩一开始直接用小铲子铲了沙子往瓶口倒，但发现效率很低，妈妈微笑着指了指漏斗。小男孩不解地拿起漏斗，把沙子往漏斗里装，沙子当然全都漏出来了。于是，他用手指堵住漏斗下面的出口，用小铲子把漏斗装满，然后把漏斗放到瓶口上端，松开手，想让沙子流进瓶子。但是，他一松开手指，沙子就迅速漏下去，只有很少一部分进入了瓶子。他不泄气，就这样一点儿一点儿地装着，大半天还没有装进去半瓶。终于，小男孩在一次尝试中将漏斗先放在瓶子上，再用小铲子装沙子，很快就装了满满一瓶。他开心地冲妈妈笑了，妈妈也立刻鼓掌祝贺他的成功。

相信很多家长在看到孩子像这个小男孩一样笨拙，无法发现漏斗的妙用时，都会忍不住手把手帮助孩子把漏斗放进瓶口，这看似让孩子学会了一个新知识，实际上却剥夺了孩子从独立思考中得出结论并获得成就的快乐。孩子那强烈的求知欲和学习兴趣，以及获得智力开发的机会，也就随之失去了。

孩子的思考愿望刚刚萌芽时，强烈的求知欲会促使他们努力寻找答案。这时父母直接将正确答案摆在他们面前，他们的思考空间和权利就丧失了，无法体会思考的乐趣，也就可能渐渐失去了学习兴趣。毕竟，枯燥地记忆各种现成的答案，还有什么乐趣可言？没有经过思考就获得的答案，也不会在孩子脑海中留下深刻的记忆。更可怕的是，长期不思考，孩子独立思考的能力很有可能会退步。

会自我管理的男孩更易成功

一个懂得自我管理的孩子，做事往往有条理，能把自己要做的事安排得井井有条，哪怕遇到了困难，也能稳住心态，积极地面对，想办法解决。这样的孩子，懂得照顾他人的情绪和感受，不会凡事都以自我为中心，他们在生活中往往是主导者，而不是被动的接受者，他们不会随波逐流，也不会刚愎自用。

自我管理能力的获得让孩子更自信、更从容，生活得更快乐。

子轩的妈妈一直很担心子轩的学习问题，不是因为他成绩上不去，而是因为他压根儿不知道怎么学习。上课的时候完全没有上课的样子，看到窗外面飞舞的一只蝴蝶，或者是听到有任何动静，他的注意力马上就分散了。子轩的作业不能按时按量地完成，跟身边的其他同学相处也不和谐。

子轩不仅学习不认真，还受不了一点儿别人否定他的话。子轩在练习弹钢琴的时候，音弹错了被老师纠正，他会忍不住偷偷抹眼泪，觉得老师针对自己；刚喜欢上画画，没画几天，就因为老师说他的颜色搭配有点问题而放弃了；练字就更不用说，根本坚持不到一个星期……诸如此类的事情还有很多，妈妈鼓励过子轩，也批评过他，但是都没用。

子轩平常也是一个很懒的孩子，衣服袜子都是妈妈洗，作业也是妈妈帮忙检查，连自己腿磕破流血了也要等着妈妈来上药才行。子轩的房间里更是乱糟糟的，妈妈怎么都改变不了子轩，只好不辞辛苦地帮他打理一切，时间长了，这样的情况愈演愈烈。

其实，子轩就是一个典型的不懂得自我管理的孩子。他的自我管理能力的缺失体现在生活和学习的方方面面。一个不懂得自我管理的孩子，性格往往很难和"能坚持""有毅力"等词语挂钩，这些良好性格因素的缺失，也导致孩子做什么事都不能有始有终，也就很难谈得上进步和成功。

一个没有自我管理能力的孩子，长大以后，也只能成为一个懒散怠惰、没有目标和志向的人。培养孩子的自我管理能力迫在眉睫，父母可以为他们做些什么呢？以下是给父母的几点建议：

1. 引导孩子确定学习目标

很多父母抱怨孩子学习成绩差，学习的时候不能做到专心致志，好像根本没把学习当回事。其实，这些不一定是孩子学习能力差的问题，很有可能是孩子没有确立合理的学习目标。没有学习目标，就不能明确自己下一步要做什么，不知道完成这个学习任务之后接下来的任务又是什么，一直处于迷茫的学习状态当中，当然很难产生好好学习的动力。父母应该引导孩子，使其认识到学习是一件需要长期坚持的事，帮助孩子确立短期目标，并引导孩子针对这个目标制订相应的计划，让孩子在既定的计划内一步步完成任务，离目标越来越近，孩子也会觉得越来越有希望。当一个短期目标完成，父母也可以帮助孩子确立相对长远的目标，让孩子一直有事做，有想要到达的终点，这样，既培养了孩子的耐心，也可以增强孩子的意志力。

2. 教育孩子明辨是非

大多数孩子年龄小、阅历少、自制力比较差，而且很难分辨是非黑白，所以很容易犯错。因此，父母应该教会孩子分辨，在孩子小的时候就要有意识地告诉孩子什么是善恶美丑，什么是是非曲直，让孩子明白，有些事可以做，有些人可以向他们学习，但还有很多事是不能做的，有些人是不能向他们学习的。当孩子对做人做事有了一个相对明确的标准，他们就能够用这个标准去衡量自己做得是否正确，也才能更清晰地认识自我，对于那些不合理、不正确的事才能自我控制。

3. 教会孩子控制情绪

孩子自控能力弱的表现还有一个，就是他们在面对一些突发事件的时候，很容易情绪不稳定、不知所措，甚至有些孩子会出现打骂别人、乱摔东西等表现。如果孩子出现了这种情况，父母就要教会孩子如何更好地管理自己的情绪。

首先，作为父母，面对孩子情绪失控的时候，自己的情绪不能被影响，要做到心平气和地跟孩子沟通，了解孩子的想法，并进行一定的引导。另外，要告诉孩子，有情绪的波动是很正常的，自己要通过转移注意力或者冷处理的方式对自己的情绪进行管理，等自己的情绪平复下来之后再去想办法处理问题。

当然，如果孩子的情绪比较激动，则必须通过一定的方法帮助孩子排解，比如，可以带孩子去看电影、去游乐场，或者带孩子参与一些体育锻炼，引导孩子读书等，暂时缓解其情绪。

自我管理不是一时的事，应该是人一辈子的功课。在孩子小的时候，父母就要有意识地培养孩子的自我管理能力，让孩子在良好的自我管理中更好地成长，使他们将来的路更加通畅平坦。

今天我们是小主人

第（五）章

抗挫力教育，培养真正的男子汉

培养敢于直面挫折的男孩

纵观古今，从来没有百战百胜的将军。不管是谁，在漫长的一生中，总会遇到各种困难、失败、挫折，这些都无法避免。

《飘》的作者玛格丽特·米切尔为了能将《飘》出版，同出版商洽谈了 81 次，前 80 次都被拒绝了，直到第 81 个出版商出现她才得以出书；美国著名小说家李察·巴哈的一万字故事《天地一沙鸥》的出版经历了 18 次拒绝，直到第 19 次，才由麦克米兰公司发行出版，在之后的五年里，这本故事书仅在美国便销售了 700 万本；世界著名的银幕硬汉史泰龙，为了应聘，将纽约的 500 家电影公司走了至少三遍，在第 1850 次应聘时，他终于得到了录用。

唐代杰出诗人杜牧曾写过一首诗："胜败兵家事不期，包羞忍耻是男儿。江东子弟多才俊，卷土重来未可知。"这首气势磅礴的诗告诉人们，胜负难料，对于得失成败不必在意，以平常心待之即可。得胜固然喜不自胜，可千万不能骄傲，骄兵必败；失败固然令人沮丧，却不要气馁，努力想办法，转败为胜也不是不可能。

1948 年时的丘吉尔早已誉满天下，他的伟大成就得到了所有人的认可。这一年，牛津大学举办的"成功秘诀"讲座邀请到了这位伟人。演讲那天，会场摩肩接踵，人山人海，大家都对这位大政治家的成功秘诀非常好奇。丘吉尔一上台，会场便掌声如雷，丘吉尔用手势平息大家的掌声，然后说："我能成功，秘诀有三个，一是决不放弃，二是决不、决不放弃，三是决不、决不、决不放弃！我的演讲到这里结束了。"他说完之后便走下了讲台。会场先是沉寂了一会儿，随即掌声雷动，经久不息。

人们总希望自己的人生旅途能一帆风顺，万事如意，可是这样的希望，有多少人能实现呢？遭遇艰难困苦、挫折失败才是走向成功途中的常态。常言道："失败是成功之母。"这句话并非对失败者的安慰和同情，它所表达的更深层次的意思，是从失败中获取经验教训，每次失败都是对错误选择的否定，当所有错误选择都被否定之后，自然就迎来了成功。

未来，社会的竞争将更加激烈，优胜劣汰将成为常态，由此可知孩子以后的路必定不会平坦，那失败和挫折也就在所难免。

若父母一直为孩子的成长保驾护航，过分地呵护，让孩子一直处在"一帆风顺"的状态，会导致孩子的心理承受能力越来越弱，以致未来将无法承受来自社会的各种压力。承受挫折的能力和应对消极情绪的能力是呈正相关的，若一个人不能承受挫折，那他在应对随之而来的消极情绪时，便会束手无策，如此一来，消极情绪又会阻碍他的行动和努力，造成新一轮的受挫，这就形成了恶性循环。由此可知，对挫折抱着回避的态度，只会再次受挫，并逐渐远离成功。

曾有一位教育家说过这样一句话："若说孩子的生命是一把披荆斩棘的刀，那挫折便是一块不可或缺的磨刀石。"要想让孩子生命的"刀"更加锋利，父母要做的就是教育孩子勇敢地面对挫折。

孩子的抗挫折能力的提高，离不开家长做的各种努力。

我们经常能看到这样一幕情景，当孩子不小心摔倒后，父母一脸焦急地快速扶起孩子，有的还使劲踩地面两脚，说都是地面的错，害孩子摔了跤。父母面对孩子的偶然受挫太小题大做，疼惜孩子是父母的天性，但是这样过于紧张，会传递给孩子跌倒、受伤不可以发生，它是不能接受和特别糟糕的事情的信息。而用力踩地面的行为又会给孩子传递不当的观念：一旦遇到困难，都是环境或者他人的错，这时可以采取攻击、报复的行为。

所以，父母在孩子受挫时是否采取了正确的教育方法，是孩子将来遇到困难或者失败时能否勇敢面对的关键因素。因而，在孩子遇到困难、挫折时，父母不要急着去帮孩子，而要鼓励孩子自己爬起来，勇敢面对，这时父母只需要陪伴在孩子身边即可。若孩子确实不能解决问题，父母再从旁辅助孩子找到解决的方法。

孩子因处在成长过程之中，心智还不成熟，所以很容易受外界干扰和情绪影响，当遭受挫折或者失败时，消极情绪往往会迅速成为主导，那么孩子必然不能采取正确的态度去面对挫折或失败。此时，父母应当及时告知孩子："从失败中吸取经验教训，思考下一次要怎么做才会更好。""失败并不可怕，只要你勇敢面对，结果一定会好的。""困难像弹簧，你弱它就强，你强它就弱。"

还可以给孩子讲一讲古今中外的历史名人，通过他们的事迹，引导孩子认识到：失败不可怕，可怕的是一受到打击便一蹶不振，永久地放弃自我。

另外，从这些名人的事迹中，教会孩子理解失败背后的深刻意义：失败是为了让我们不断总结经验和教训，从而变得更强。就像世界伟大的发明家爱迪生，他就是在一次次失败中总结经验教训，而且永不言弃，这才有了如今照亮我们生活的电灯。

每个人漫长的一生，总会面临各种各样不如意的事，正是"人生不如意事十之八九"。怎样从失败中获得经验教训，从失败中获得成长，同时克服挫折引发的不良情绪，这些都是父母要帮助孩子去了解的。

当孩子遭遇挫折时，在恰当的时候帮助他，并给予鼓励和支持，这样才能帮孩子学会忍受暂时的不良情绪，加强对困境与压力的容忍程度，并有信心、有方法去克服困难，战胜挫折。

跌倒了没什么，让他自己爬起来

有个男孩 14 岁了，一直缺乏男子汉气概，显得很"娘"，妈妈为此很担心，也很烦恼。无奈的妈妈带着男孩去拜访一位当散打教练的朋友，请他帮忙训练男孩。

朋友说："你把孩子交给我，只需要三个月，我一定能把他变成真正的男子汉。但是，在此期间，你不能来看他。"妈妈答应了朋友的要求。

三个月过去了，妈妈来接男孩回家。朋友安排了一场比赛，让孩子和另一位散打教练进行搏斗，借此机会向妈妈展示训练成果。教练刚刚出手，孩子就被打倒在地。但是他没有认输，而是站起来继续迎接挑战，然而，他很快又被教练打倒在地，他再次站起来……就这样，男孩总计被打倒了 10 次。

朋友问妈妈："你觉得孩子是否已经成为真正的男子汉了？"

妈妈说："我都不忍心看下去！我专门把他交给你训练，他却像纸糊的一样被人一打就倒，太丢人了！"

朋友说："真遗憾，你只看到孩子被打倒，却没有看到孩子被打倒之后马上站起来，这需要多么大的勇气和多么顽强的毅力呀！

这才是真正的男子汉啊！"

　　试问家长们，你的孩子遭遇过挫折吗？你的孩子在跌倒了之后，能马上站起来继续努力前行吗？生活的道路从来不是平坦的，只有拥有顽强的意志力，孩子才能收获成功的人生。父母切勿剥夺孩子"跌倒"的权利，而是要致力于培养孩子百折不挠、勇敢无畏的精神，让孩子在跌倒了之后，能够凭着自身的力量勇敢地站起来。所谓成功，就是比倒下去更多一次站起来啊！

　　现实生活中，很多父母都在抱怨："每次和孩子玩游戏，只要我赢了，他就很生气，不但吵闹不休，还必须重新来过……""我们家的孩子没有朋友，因为他必须在一切的游戏和比赛中获胜，哪个孩子还愿意和他玩啊……"

　　俗话说，胜败乃兵家常事。遗憾的是，很多孩子都不懂得这个道理，他们一味地争强好胜，赢了就欢呼雀跃，输了就哭闹不止。从儿童心理学的角度来看，孩子"输不起"属于正常现象。不管做什么事情，孩子总是希望自己能够出类拔萃，获得成功，得到他人的肯定和认可。孩子年龄小，心智发育不成熟，根本无法认清自己的强项和弱项。内心脆弱、不够强大的孩子，一旦输给了他人，就会闷闷不乐，满脸都写着"不高兴""输不起"。即使将来长大成人，面对挫折和失败，孩子也会怯懦地逃避困难。比如，父母批评孩子学习跆拳道进步很慢，不如邻居家的孩子身强体壮、有力量，孩子索性彻底放弃，不再学习跆拳道。

　　孩子耐挫折能力低，就会"输不起"。童年时期，孩子"输不起"，父母还会保护孩子，长大之后走上社会呢？谁还会惯着孩子呢？没有谁的人生能够始终一帆风顺，总与成功相伴。失败是人生的必然，孩子应该把失败视为人生难得的体验，父母也要借此机会培养孩子的受挫能力。

1. 用恰当的方法教育孩子，增加孩子对挫折的承受能力

尽管要竭尽所能地帮助孩子获得成功，但父母不要刻意地为孩子排除日常生活中极有可能遭遇的困难。当孩子遭遇挫折时，父母不要心急地马上插手，甚至代替孩子解决问题，而是要冷静地对待，给孩子独自面对的机会。例如，孩子用很多积木搭建了一座宫殿，遗憾的是，就在宫殿即将大功告成的时候，却在瞬间坍塌了。孩子万分沮丧，在这种情况下，父母不要直接代替孩子解决问题，而是要和孩子一起讨论，引导孩子积极地想办法，协助孩子解决问题。只有在日常遭遇挫折的时候，父母才能抓住机会提升孩子克服挫折的能力。当孩子有了丰富的经验应对危机，就会获得成就感，也会树立自信心。

遭受挫折，孩子难免情绪低落，父母要积极地鼓励孩子，帮助孩子找回自信，勇敢地面对挫折。例如，孩子参加绘画比赛没有获得名次，父母要告诉孩子："一个人不可能在每一次比赛中都获得成功。上一次的唱歌比赛，你的表现特别棒。虽然在这次绘画比赛中，你没有获得好名次，但只要坚持努力，你一定会有所进步，做得更好。"父母这样劝慰孩子，既能引导孩子接受生命中必然经历的挫折和失败，也能提升孩子的积极性，让孩子勇敢地面对一切不

如意。

2. 鼓励孩子参与集体活动，提高耐挫力

在集体活动中，孩子更是常常面对挫折和失败。这些失败给孩子带来了痛苦，也会让孩子更客观冷静地认识自己，既看到他人的长处，也看到自己的缺点，渐渐地养成自我反省的好习惯。一方面，孩子必须学会欣赏他人，与朋友和谐共处，团结协作；另一方面，孩子在与同伴交流的过程中，将学习如何克服困难、解决问题。孩子积极地参与集体活动，经历磨炼，耐挫力将会大大提升。和孩子一起玩游戏时，父母切勿总是故意输给孩子。在必要的情况下，父母可以与孩子玩输了也有奖励的游戏，通过这种方法帮助孩子平衡心态。当然，奖励是有前提的，即必须分析并且陈述输掉的原因。

3. 教导男孩从挫折中崛起

逆境和挫折是人生的学校。每个孩子在学习走路时，总是会摔倒，在成长过程中，更是会遇到大大小小的麻烦。只有在逆境的打磨之下，孩子才能学会战胜逆境，学会控制情绪，勇敢地面对失败，并且朝着困难前行。终有一日，这些经验都会成为孩子人生中的宝贵财富，赋予孩子直面问题的勇气、解决问题的能力、寻找答案的智慧、承受失败的力量。男孩更需要在尝试中战胜挫折，迎接挑战，只有拥有与挫折打交道的经验，男孩才会拥有足够强大的力量面对问题、解决问题。男孩将会为自己能够独立解决问题感到骄傲，对他们而言，这是一种至高无上的荣誉。在追求荣誉的过程中，男孩将会拥有顽强的意志力，也会更深刻地体验成功。

　　很多父母已经意识到要对孩子进行挫折教育，然而，他们对于挫折教育的理解很肤浅，认为所谓挫折教育，就是象征性地让孩子吃一点儿苦，接受失败。他们只顾着把挫折摆在孩子面前，却忘记引导孩子怎样才能正确地面对挫折，渡过难关。他们忽略了要帮助孩子树立战胜挫折的信心，寻找战胜挫折的办法。父母必须引导孩子分析遭受挫折的根本原因，从中吸取教训，总结经验，并且引导孩子想尽一切办法战胜挫折、克服困难，只有这样，才能真正地让孩子感受到成功的喜悦，增强孩子的信心，让孩子排除万难战胜困难。假如孩子凭着自己的力量无法战胜困难，父母要及时安慰和鼓励孩子，并且提供帮助，避免孩子因为过分紧张影响身心健康。

　　挫折教育是抗挫折能力的教育，正确引导孩子学会直面挫折、战胜挫折、与挫折相处，是挫折教育的重中之重。

真正的男子汉，能赢但也输得起

"输"这个词，实在是不讨人喜欢。大人不喜欢，孩子也不喜欢，尤其是稚气未脱的孩子，输了就气急败坏、闷闷不乐的不在少数。其实，对孩子而言，只有输得起，才有大未来。

真真和军军是双胞胎，9 岁的时候，他们的父亲就买来象棋，一步步地教他们。几天的工夫，真真和军军就掌握了基本的规则。此后，两兄弟无聊的时候，就摆开棋局，有模有样地对弈起来。

一盘棋，平局的时候寥寥可数，总要有输有赢。军军性格温和，输了棋也不恼怒，但真真性格急躁，输了就不服气。有一次，真真和军军摆好棋局，相对而坐，两人都小心翼翼地斟酌落子。父亲在一旁观看，他看出军军的计谋就要大功告成，真真没有看出军军的棋步，注定要输了，但"观棋不语真君子"，所以父亲什么都没说。

军军的棋子已经杀进了真真的帅府，再有几步，真真就输了。真真慌了，根本无心想对策，气急败坏地将棋盘掀翻了。这场对弈结束了，没有输赢，但父亲失望地对真真说："你输了，而且输得并不磊落。你是男子汉，要输得起！"真真听了父亲的话，微微红了脸，他默默捡起棋子，摆好棋盘，邀请军军重新跟自己下一盘。父亲这才欣慰地笑了。

事例中的真真为什么要掀翻棋盘呢？是因为他害怕面对输的结局，可见，真真是一个"输不起"的孩子。

在生活中，"输不起"的孩子主要有两种表现，一是一旦输了，就大发脾气，又哭又闹。二是面对困难的、极有可能失败的事情，采取回避的态度。虽说孩子都有好胜心理，都希望自己比他人强，但好胜心如果过度，对每一次输赢都耿耿于怀，那么就会影响其一生。父母需要帮助孩子排除"输不起"的心理障碍，平衡输赢的心态，使他们正确看待得失，让内心变得更加坚不可摧。

想要孩子"输得起"，父母的引导很关键，具体来看，需要注意以下两点：

1. 改变教育方式

生活中，有些父母经常采用这样的教育方式：孩子如果赢了就夸孩子聪明、厉害，还会给予孩子一定的奖励，如买心爱的玩具等。如果孩子输了就说孩子笨，不给孩子好脸色。这种教育方式就容易让孩子内心发生扭曲，过分注重输赢，赢了没问题，可一旦输了，孩子就极有可能深受打击，一蹶不振。父母应该让孩子知道，输赢是常事，只有这样，孩子才能正视失败，重新振作。

例如，孩子在一次演讲比赛中输了，没有获得任何名次，父母不应该一味地指责孩子，而应该安慰他："一次输了没关系，人外有人，天外有天，爸爸妈妈已经看到你的努力和进步了。只要我们不放弃，相信下一次比赛，你会做得更好。"父母如果这样说，就能让孩子明白输是人生中不可避免的过程，一次输了，不代表永远会输，只要努力，总有赢的一天。

2. 平衡得失心

父母是孩子的启蒙老师，父母的人生观、价值观直接影响着孩子的人生观和价值观。所以，想要孩子输得起，父母首先要平衡自己的心态，正确看待孩子的输赢。生活中有些父母得失心非常重，看人家的孩子某一方面优秀，就要求自己的孩子也必须同样优秀；看别人家的孩子得了第一名，就要求自己的孩子也要考第一名。父母的这种好胜心只会给孩子增加压力，不利于孩子健康人格的形成。

总结来看，在教导孩子上，父母应该帮助孩子克服失败的沮丧，帮助孩子分析失败的原因，总结教训，建立自信。父母不要担心孩子失败，而要教育孩子如何面对失败、承受失败。必须看到，一定的挫折教育对孩子的成长是有利的。当孩子遭遇困难时，父母不要立刻插手，要给孩子面对困难的机会。如果成功克服困难，孩子就会得到一定的经验。如果失败了，那么这份经历会让孩子更加清晰地发现自己的不足，更好地认识自己。"输得起"的孩子，失败了才能重新爬起来，未来才有无限可能。

给男孩一个吃苦耐劳的机会

随着社会经济水平的发展，"吃苦"这个词对于我们来说越来越陌生，对于从小生活在长辈臂膀下的孩子来说更是难得。但是，认真思考一下就会发现，其实吃苦真的是人生必不可少的功课，只有吃过苦的人，才能磨炼出坚强的意志，才能以更积极勇敢的心态面对生活中的困难。

小华已经初二了，上的是寄宿学校，每个月可以回家两次。每次回家的时候，小华总是大包小包地拎着很多东西。有一次，老师看到了小华的行李，便疑惑地问他："咱们放一次假，也就能在家待两天，你带那么多行李回去干吗？不觉得很麻烦吗？"小华说："我带的是衣服。""衣服也不用带那么多啊，你带几件换洗的不就可以了吗？"老师又问。小华有点儿不好意思地回答说："我带的都是脏衣服，回去以后妈妈会给我洗。"老师一听，顿时哑口无言。

后来，老师又找小华谈话，告诉他，他已经长大了，很多事自己都可以做了，不能什么事都依赖父母，但是小华却说："我习惯了。而且妈妈说了，我是个孩子，不用吃那么多苦，在这里又没有洗衣机，我自己手洗衣服，多累呀！"老师也只能无奈地摇摇头，看来这孩子完全没有吃苦的意识。老师忍不住追问："如果以后你上大学要去很远的地方，寒暑假放假才能回家，那你的衣服怎么办呢？""我妈说了，我可以出去找洗衣店，给人家钱让他们帮我洗！"小华说得理直气壮，老师也不好再说什么，只是心里对他的未来有一丝担忧。

也许很多人会觉得诧异，小华怎么会那么懒？其实，小华的懒正是他不想吃苦的一种表现，因为身后有替他做事的人。也因为从小接触到的是不用吃苦的教育观念，所以并不觉得吃苦对自身有好处，甚至对吃苦一直是逃避的态度。现实生活中，像小华这样的孩子不在少数，他们习惯了养尊处优，不愿意吃一点儿生活的苦，而且习惯了让别人替自己承担那份辛苦。这样的孩子长大以后，往往也会变得懒惰成性，而且不懂得关心体贴他人，将来走上社会也很难立足。

康康从小就是个娇生惯养的孩子，从出生开始，几乎是要什么给什么，从来没有吃过什么苦头。所以，康康渐渐养成了"唯我独尊"的性格，做事完全不考虑别人的感受，只关注自己是否开心。

有一次，学校组织郊游，老师带着孩子们来到郊外，要他们各自到附近的村民家里借米借菜，借回来以后一起生火做饭，老师的初衷其实是想考验孩子们的生活适应能力和交际能力，孩子们都兴致勃勃、三五成群地行动，只有康康待在原地不动。老师问康康为什么不去，康康说："米和菜可以花钱买，为什么要去借？而且在这里做饭很难，我也没有做过，为什么不能点外卖呢？"老师听了啼笑皆非。

等孩子们都借米借菜回来的时候，康康依然坐在原地。大家七手八脚地帮着老师生火做饭的时候，康康还是只在一边看着。等饭菜都出锅了，康康却大大咧咧地一坐，自顾自地吃起来，完全不管别人。

还有一次，康康放学后等爸爸来接，却恰巧下起了雨。每次爸爸都会提前到，今天却迟到了，这让康康心里十分不高兴。终于等到爸爸来了，康康仍然不高兴，因为爸爸没有带雨衣，只有一把伞。爸爸头发上还滴着水，对康康说："今天爸爸出门也没有看天气预报，没想到会下雨，爸爸没有带雨具，这把伞还是从同事那里借的，可能不如雨衣好用，你坐到车后座打着，不用管爸爸。"康康噘着嘴坐上了车后座，一脸不情愿地将那把伞撑在自己头顶上，全然不顾爸爸在雨中骑车的艰辛。

现在很多孩子从小娇生惯养，根本不知道"苦"是什么滋味，他们甚至会觉得长辈的付出是天经地义的，身边人对自己的迁就也是理所当然的，这样的孩子很容易形成自私自利的性格。很多父母抱怨，自己明明已经为孩子做了那么多，他们却不懂得感恩，不能体谅自己的良苦用心，甚至跟自己产生敌对心理，亲子关系剑拔弩张。其实，想要让孩子体会到父母在孩子成长过程中受的苦，首先要让孩子明白"苦"的滋味。因此，抓住机会磨炼孩子，让孩子学会"吃苦"是非常重要的。

父母应该意识到，让孩子"吃苦"并不是惩罚他们，而是给孩子一个磨炼的机会，让孩子在"吃苦"的过程中体会人生，让他们懂得，要为自己做的事情负责任，要为了达到某一个目标而坚持努力。一个肯吃苦的孩子，在遇到困难的时候就不会轻易放弃，会比那些不肯吃苦的人更容易成功。

没有人愿意主动吃苦，但是并不代表吃苦是一件坏事。尤其是对孩子来说，从小有这样的经历，可以锻炼他们的意志力，让他们性情变得更加坚忍，遇事更容易坚持下去，不会逃避问题。

俄国作家屠格涅夫曾经有一句名言："想成为幸福的人吗？那么首先要学会吃苦。能吃苦的人，一切不幸都可以忍受，天下没有跳不出的困境。"谁都不能避免人生旅途上的坎坷，父母也不可能帮助孩子摆脱生活中的所有困境，真正能够帮助孩子将人生之路走得更加顺遂的方法只有一个，那就是帮助孩子锻炼自身的承受能力和吃苦耐劳的能力，等他们自己变强大，父母就算不能时时刻刻照顾他们，也能放心地任孩子高飞。

古人说："宝剑锋从磨砺出，梅花香自苦寒来。"只有经历一番苦难的磨炼，孩子才能形成更坚忍的性格，让人生之路开满鲜艳的花朵。

放开手，让男孩搏击风雨

西方国家很早以前就提倡对孩子进行素质教育，强调要让孩子学会吃苦，对其心理承受能力也要加以磨炼。就孩子的一般成长规律来看，逆境和挫折更容易磨砺意志，虽说顺境也会出人才，但相对而言，逆境更容易出人才。

在各种各样的困难中成长起来的人，会更有生存能力和竞争力。这是因为经历过各种挫折的千锤百炼，他们既吸取了失败的经验教训，又掌握了成功的经验，会更加成熟。他们将挫折视为财富，并深知成功是建立在失败的基础上的，因而在面对挫折时，更能迎难而上、积极乐观。

父母若想孩子在未来拥有能够勇敢面对挫折的能力，就一定要从小打磨其心理承受力。

挫折，简单来说便是遇到困难或者失败。这种感受自然不好，因为想做的事中途遇到了障碍而没能做成，内心必然无法获得满足。不过，因为每个人的意志不一样，因此，挫折的意义也就截然不同。

父母要常常告诫孩子，人这一生会遇到各种困难和挫折，但无论如何，都要做一个坚强的人。坚强的人能快速从挫折中找到通往成功的路，而心理承受能力弱的人则可能被眼前遇到的小困难击垮。在做一件事时，要想持之以恒，就要教育孩子一定要学会接受失败。教导孩子从一开始便学会接受失败带来的负面影响，并勇敢地面对，这就避免养成一旦遇到失败便逃避的性格。现实中，往往有孩子因为害怕考试失败便用拒绝学习来逃避考试，可越是如此，他的自卑心理便越严重。而且，有些孩子慢慢养成了这样的坏习惯，即为自己的自欺欺人找各种正当的理由，为自己美言，对自己不愿做的事大肆贬低，或者攻击他人"虚伪""愚蠢无知"等。事实上，根本不用为自己找借口，要知道，要取得成功，途中必然会遇到挫折、经历失败，关键是看自己是否尽了最大的努力。

小贺的爸爸很会教育孩子，在小贺很小的时候就重视对小贺的性格培养，他的观念是男孩子就该在摔摔打打的过程中成长，这样未来才会变得强大。

小贺自小便特别喜欢踢足球，每天放学后，他都会兴奋地换上球鞋和同学们用书包摆成两个小球门，随后撒欢似的踢起来。这样做的结果就是小贺每次都穿着脏兮兮的衣服回家，有时还带着各种擦伤。

小贺的妈妈每次看到小贺的样子，都是又生气又心疼，她总是先骂小贺一顿，然后赶他去洗澡，最后还要强调以后不准再踢球。不过骂归骂，之后小贺的妈妈还是会忙前忙后地给小贺清洗衣服。小贺的爸爸看着这样的情景觉得好笑，就对妻子说："儿子已经大了，不要再什么事都帮他做了，像洗衣服这种事，让他自己来就好了，别什么事都代劳，养成好逸恶劳的坏毛病！至于踢球，这就是男孩子们正常的体育爱好，小贺喜欢踢就让他踢吧，也是锻炼身体嘛，只要别影响了学习就行。男孩子磕磕碰碰或受些小伤都正常，不用过于担心。"

妈妈听了爸爸的话，后来就不再管小贺踢球的事了。

随着年龄的增长，小贺对足球越来越喜欢，后来他加入了校足球队，还代表学校去参加了比赛。

结果，在比赛中，小贺发生了意外，摔断了腿。相关工作人员赶紧把小贺送进了医院，在这个过程中，小贺疼得大汗淋漓，但他没有哭，而是一直关心着队友的赛况，他担心因为自己而影响了整个球队。

手术之后，小贺妈妈看到病床上脸色苍白的儿子，心疼得眼泪直流，小贺爸爸也不好受，可是他还是俯身笑着对儿子说："小伙子，听说你就算受伤了也一直关心赛况，而且没流一滴泪，爸爸很佩服！"

"爸爸不是一直教导我要做个坚强的人吗？"小贺笑着说。

"真是爸爸的好儿子！我以你为荣！"爸爸欣慰地说。

"爸爸妈妈，我们队的比赛怎么样了？他们赢了吗？"儿子关切地问。

爸爸说："儿子，很遗憾地告诉你，你们这次比赛输了。"

小贺的眼神一下黯淡了，他自责地说："都是因为我！"

"不，你受伤是意外，大家都不想的。别灰心，孩子，这次失败了，还有下一次，坚强的孩子无惧挫折，既要赢得起，也要输得起。"

妈妈担心地说："这次腿都摔断了，你还要再踢球吗？犯得着那么玩儿命吗？"

"踢！怎么不踢？我不会被一次受伤和失败吓倒。"小贺坐直了身子，"不过，你们放心，我以后会十分小心，再也不会发生这种意外了！"

可是妈妈还是很担心，不同意儿子继续踢球。在小贺和爸爸的合力劝说下，妈妈同意了，但前提是，必须约法三章：第一，功课是第一位的，无论如何不能影响学习成绩，踢球或者其他爱好都只能利用业余时间；第二，一定要避免类似的事故再次发生，要学会在运动中保护自己，记住自己并非职业运动员，而且踢球要靠战术；第三，踢球后的所有脏衣物全部由自己洗。

爸爸问："上面列的这三点，你能够保证全做到吗？"

小贺咧开嘴笑着说："绝对没问题，只要你们答应让我继续踢球，我保证满足上面所有要求！"

"儿子，不能只说大话，结果是用行动证明的。男子汉一言既出，驷马难追，一旦违反上面提到的任何一条，你就不能再碰足球了！"

"好，你们就看我的行动吧。"

从小贺的故事中我们可以明白一个道理：不要对孩子抱有过高的期许，但必须要鼓励孩子去挑战自己、改变自己。当孩子有所进步，要表扬他；当孩子受到挫折，则要对他进行鼓励和安慰。若孩子跌倒了，你会很心疼，但请不要急忙跑去扶起他，而是要鼓励他："孩子，你已经长大了，跌倒后要勇敢地站起来。"

社会的发展日新月异，所以孩子们要想适应未来的发展，就需要拥有极佳的精神状态和良好的心理素质，唯有如此，在面对外界环境的巨大变化之时，方能平静面对，并一直坚持自己的信念及追求。

父母从小就要传递给孩子这样的认知：无论是谁都不会一帆风顺，成功也不会一蹴而就，成长的道路都是曲折的，它常常与挫折、逆境、艰苦等相伴。在孩子的成长之路上，若没有逆境，父母也要为他创造逆境，因为不能在逆境中生存的孩子，未来也就无法适应社会。

要想在逆境之中生存，就必须要有坚定的意志和积极的心态。

从古至今，任何一个取得了大成就的人，无不经历过一段暗淡的岁月。在残酷的现实面前，唯有百折不挠、坚定不屈，才能走出黑暗，迎来光明。因而，坚定的意志是走过黑暗，于挫折中奋起的第一要求。

除了坚定的意志，积极的心态和乐观的精神则是考验孩子在挫折中奋起的另一个重要的部分。积极、乐观的心态又同家庭氛围密切相关，家里若时常欢歌笑语，孩子也必然能更加健康地成长。

有一句很有哲理的话："你对待社会的态度就是社会对待你的态度。"若孩子面对挫折的时候，只知道怨天尤人，或者总是期盼他人的帮助，无法自主解决，那他的未来将时时处在灰暗之中。

孩子的依赖心理过重在很大程度上是因为父母替孩子做得太多，要想根治，父母就要放开手，让孩子去经历风雨，学会自己的事情自己做。只有当孩子摆脱了依赖，真正自立后，才能在挫折中奋起。

搬书的收获

第
六
章

財商教育，培养孩子理财的能力

为成长中的男孩增加一些"财商法码"

在这个世界上，哪对父母不愿倾尽所有给孩子"最好"的一切呢？然而，"最好的"未必是最贵的，应该根据家庭消费水平去付出。不管家里是富有还是贫穷，都要培养男孩节俭的品质，这将会决定男孩能否权衡一件商品的性价比，能否意识到物质资源是非常宝贵的。这就是财商。

每个在社会上生存的人都需要具备财商，然而，大多数父母都会忽略对孩子财商的培养。为何有的人很富有，有的人却很贫穷呢？这与每个人财商的高低密切相关。

现代生活中，有很多年轻人都是"月光族"，他们赚钱的能力很强，但是喜欢在领取薪水之后很快把所有薪水都花光，还自诩"能挣会花"。这导致"月光族"虽然收入很高，却没有积蓄。每当经济发生变动时，囊中羞涩的他们很难应对。此外，有很多知识渊博的人不知道怎样科学理财，常常会把自己置于高财务风险的窘境之中，无法积聚财富。这些都代表着一个人的财商很低。

从长远角度来看，提高男孩的财商是很重要的。只有财商高的男孩，才会具备很强的理财能力，将来长大成人，才会获得更好的机会提升生活质量和水平。他们从租房到买房，从搭乘公共交通工具上班到开私家车上班，从在附近一日游到出国旅游……高财商的人能够持续地提高经济能力，并且为未来美好的生活做足准备。他们会在年富力强时开始储备退休后的养老金，实现人生梦想。这些，不正是父母期望男孩能够实现的吗？

现如今，很多父母都陷入教育焦虑，认为男孩当前的首要任务就是学习，要远离金钱。很多父母担心男孩乱花钱，因此不给男孩掌控钱财的机会，导致很多男孩习惯于伸手要钱，一旦有钱就会马上花光，根本没有消费的规划意识。

父母误以为男孩在长大之后会无师自通地掌握理财能力。事实并非如此，很多成年人都会觉得自己在金融方面一窍不通，更何况男孩们呢？

那么，父母要怎么做，才能有效地提高男孩的财商呢？

要让男孩制订消费预算，有计划地支配金钱，这样能够帮助男孩花费最少的钱，做最多的事情。

父母要告诉男孩："不该花的钱坚决不花。"这是最基本的理财之道。通常情况下，父母很少花费时间去区分孩子需要哪些开销，不需要哪些开销。例如，必须为孩子的教育进行投资，不必经常带孩子下馆子、给孩子买名牌衣服。

总而言之，不要因为孩子胡闹就掏钱包，不要让男孩背上债务，也就是告诉男孩不要借别人的钱。

低财商者无论拥有多少财富，都会因为消费没有节制而把所有的钱都花出去，还会陷入债务纠纷。父母具体可以从以下几个方面入手。

1. 改变固有的思维方式

父母常常会在不知不觉间养成替男孩花钱的习惯，有些父母甚至义无反顾地这么做，从来不计较在男孩身上花了多少钱。但是，为了保障家庭的经济状况，父母一定要改变"凡事以孩子为先"的错误想法。

2. 为男孩开设独立的存款账户

让男孩把自己的钱存入银行，能够帮助男孩养成储蓄的好习惯。

3. 让男孩参与制订家庭理财计划

让男孩和父母一起理财，成为家庭理财的能手。在家庭理财的过程中，男孩可以受到理财意识的熏陶，而且家庭理财不同于男孩管理零用钱，而是涉及家庭中的每一位成员的所有开销。让男孩养成参与家庭理财计划的习惯，进入"家庭决策层"，有助于男孩了解家里的基本财务状况。父母可以告诉男孩："孩子，你长大了，今天，你要学习当家。"每个月发工资后，父母可以和男孩一起去银行取钱，让男孩亲自交水、电、煤气以及话费。要取出现金让男孩去做这些事情，让男孩亲眼看到自己手里的钱越来越少，直至拿着所剩无几的现金回家，父母还要继续"打击"男孩："必须留出一些钱作为备用金，在家里有人突然生病或者遭遇意外时用。另外，你还要留出全家人一个月的生活费用，知道吗？"路过菜市场，父母要让男孩去买菜，等男孩拎着沉重的购物袋精疲力竭地回到家时，父母的目的就初步达到了：既让男孩亲身体会到当家的难处，感性地认识现实生活，又避免男孩在未来常常"理直气壮"地向父母要零用钱。

只有在做完这些事情后，父母说出来的话才会得到男孩前所未有的重视："孩子，咱家尽管不富裕，但还是有能力供你上学读书的，只是赚来的每一分钱都要花在刀刃上，不能浪费。现在，你必须加倍努力学习，将来才能够赚到足够的钱，买到你想要的东西！"

冬冬今年 12 岁了，看着冬冬一天天长大，爸爸非常高兴。然而，冬冬自从升入初中之后，越来越讲究吃穿玩乐，还养成了和同学们攀比的坏习惯，从来不知道省钱，更别说攒钱了。有时候，冬冬要零花钱，爸爸给的太少，他还会生气。他从来不关心家里的物品，也不懂得爱惜物品。爸爸看到冬冬的表现，非常担心。

爸爸担心冬冬长大之后会养成奢侈浪费的坏习惯，毁掉一生的幸福。妈妈知道爸爸的心思，她同样也很担心。后来，爸爸妈妈协商后，决定让冬冬负责操持家务，掌管财务，试图以这样的方式帮助冬冬养成勤俭节约、珍惜金钱的好习惯。

妈妈召开了家庭会议，告诉冬冬："最近家里花销特别大，每个月都入不敷出。我建议，从现在开始，每个月都要召开一次家庭会议，每个人都要公开通报个人花费，然后再根据家庭总收入，合理分配每个人的支出。"爸爸对此表示同意，告诉冬冬："儿子，你是家里的小主人，而且你已经学习过理财的知识，正好可以理论联系实际，亲身实践。"

冬冬高兴地说："好啊，我是家庭成员，当然要参与理财。"在会议上，全家人一起商量家庭理财计划，决定要齐心协力管好、用好家里的钱。冬冬特别兴奋，对妈妈说："以后，我总算不需要向你伸手要钱了。"妈妈提醒冬冬："管钱可不简单，必须有计划地支配金钱，学会攒钱，才能保证家庭正常开销。"

在家庭理财计划中，冬冬切身感受到金钱的重要性，也意识到每一分钱都是来之不易的，体会到爸爸妈妈挣钱的辛苦。他自觉主动地节省开支，很清楚要想当好家，必须坚持攒钱才能在需要的时候解决燃眉之急。

现实生活中，很多孩子都缺乏节俭意识，不懂得合理攒钱，这是因为他们误以为挣钱很容易。父母很有必要让孩子持家理财或参与家庭理财活动。通过切身体验，孩子才能意识到理财的重要性，从而学会合理开支，并真正掌握正确的理财方式。

谁的钱都不是大风刮来的

　　刚上初中的扬扬，由于学校离家只有三公里远，所以每天骑自行车上下学。这一天，扬扬突然对妈妈说："妈妈，我的同学都骑电动车，而且一辆电动车才三千多块，你也给我买一辆吧，我的自行车看起来真的太土了。"听完扬扬的话，妈妈知道有必要对儿子进行一下理财教育了。于是，她答应考虑考虑，并找借口将儿子送到了丈夫工作的饭店的后厨。在那里，扬扬看到爸爸在嘈杂的环境中不停地忙活，累得满头大汗。用餐高峰期过后，爸爸累得一下瘫在椅子上，没休息多大会儿，又要开始工作了。扬扬这才知道，为什么爸爸回到家时常常像连门都推不动一样，原来他的工作强度这么大。妈妈的工作虽然不用耗费这么大的体力，但不也是常常到半夜还奋战在电脑前吗？

　　这天晚上，扬扬和爸爸一起回到家里，妈妈问他"爸爸的工作辛苦吗？"扬扬没说话，只是点点头，一副若有所思的样子。妈妈又说："爸爸妈妈辛辛苦苦工作一个月，挣来的钱还了房贷，也就只够一家人的吃穿花费了。你上学只有三公里，骑自行车也就十五分钟，根本没有必要骑电动车。"扬扬说："妈妈，我知道了，我不想要电动车了。"

孩子对父母工作的辛苦没有真切的感受，所以总有些"钱是大风刮来的"这样的错觉，无法明白金钱来之不易。因此，对孩子进行一些理财方面的教育是非常有必要的。

当今时代，认为对孩子提钱会让孩子变得市侩、庸俗已经是一种落后的认识。事实上，满足孩子对钱的了解，培养其理财能力已经成为父母义不容辞的责任。培养孩子理财能力最简单有效的手段莫过于让他学会储蓄。在中国的家庭里，小时候没有存钱罐的孩子不多吧？不要让孩子把存钱罐当作一个摆设或者一个玩具，而是要鼓励孩子将零钱存进去，初步养成储蓄的习惯。

根据儿童教育专家的建议，父母可以给孩子准备三个存钱罐：第一个存放用于日常开销的钱，例如买学习用具等必需品的钱；第二个用于短期储蓄，例如鼓励孩子买一件心爱的衣服的"储备资金"；第三个罐子里的钱不要轻易动用，而是让孩子长期存下来，达到一定数额后，就陪着他到银行去存钱。有一点父母务必注意，那就是必须以孩子的名义在银行开一个户头。当孩子在存折上见到自己的名字，或者拥有一张属于自己的银行卡时，会真切地感受到自己长大了，变得重要起来了。而且，这样做还有一个好处，那就是可以让孩子清楚地感受到积少成多的道理，让他体会到金钱来之不易，形成健康的金钱观念。

对于孩子来说，短期储蓄是一个比较重要的理财方案，因为他们存钱的耐心比较差。对于六七岁的孩子来说，他们的耐心最多只能持续 3 个星期，再长一些就会感到灰心。到了 10 岁左右，孩子才能为更长远一些的目标存钱，但是时间也不宜过长。因此，当孩子发现一件自己喜欢的、不算太贵的东西，例如一个可爱的玩具时，父母不要急着给他买，而是要不失时机地让孩子自己开始存钱。最好跟孩子一起制订一个明确的计划：每周存多少钱，多久能买到玩具。孩子会主动攒起自己的零花钱，得到玩具时，会比父母轻而易举买给自己的更加珍惜，过程中又学习了积少成多的道理，一举两得。

教孩子储蓄，父母可以这样做：

1. 让孩子知道储蓄优先

如果总是将储蓄的事延后，最后很可能会出现无钱可存的情况。所以，父母要告诉孩子，决定好将钱用在哪些事情上之前，最好先把钱存起来，以免临时起意花到别的地方。

2. 特定的目标要设定好期限

如果孩子想买一套珍藏版的图书，可以建议他写在便利贴上，然后把便利贴贴在冰箱或卧室门上，并写上想在什么时候买到，让他时时看到自己的目标，努力攒钱。

3. 一起决定应该存多少钱

父母可以和孩子一起根据他的正常花销，算出每天可以省下多少钱，好存下相应的金额。如果他有想买的东西，就可以根据那件东西的价格确定存钱的金额。

真正不拜金的人，往往会"花钱"

有些父母担心孩子养成乱花钱的不良习惯，尽可能地缩减孩子的零花钱，甚至不让孩子和钱沾边。这样做确实可以减少孩子乱花钱的行为，但是不能有效地提高孩子的理财能力。

一位 7 岁男孩的爸爸说："孩子之前从来没自己买过东西，但是昨天他将一辆价值 300 元的自行车推回了家。"爸爸再三追问才明白，原来孩子把自己攒的压岁钱花了。爸爸非常担心孩子养成乱花钱的坏习惯，他苦恼地说："真不知道以后还会买什么回来。"

由此可见，即使一直不让孩子和钱沾边，也不能帮助孩子树立正确的消费观。有位家长讲了一件这样的事：

几年前，我在美国留学，接触过一些在美国生活的华人富商的孩子。这些孩子家里并不缺钱，但是绝大多数都打过工，甚至要为自己的零花钱而努力劳动。我把这件事告诉了我的社会学家朋友，并且提出一个问题："这究竟是有意为之，还是心血来潮？"我的社会学家朋友说："这可不是心血来潮，而是家族培养接班人的方法。"

这些富商的孩子吃饭不去星级酒店而是选择小餐馆，购买礼品不到精品店而是选择路边摊，假期没有花费大量的时间去旅游而是选择去打工……他们父母的教育方法和远见令人敬佩。对孩子来说，让他从小就意识到努力工作的价值，有利于他的健康成长。此外，孩子能够通过工作获得满足感，而不是一直待在父母的庇护下缓慢成长，这样才能延续家族的辉煌。

父母既然爱自己的孩子，想让孩子养成良好的消费习惯，就应该学习例子中的澳门富商，早日停止无原则的宠溺，接受科学的教育模式和方法，引导孩子树立正确的理财观和消费观。

理财是一个人必备的素质。如果你的孩子从小就知道如何正确消费，那就比别的孩子多了一大优点。想让孩子不乱花钱，这里提供一些具体可行的方法：

1. 教孩子用钱的方法

随着孩子年龄的不断变化，父母应该教给孩子不同的用钱方法。例如，对于小一点儿的孩子，可以教他购买油盐酱醋；对于稍大一点儿的孩子，可以教他购买书本；对于已经成年的孩子，可以让他利用假期时间兼职，体验赚钱的辛苦，从而做到不乱花钱。

2. 要以身作则

春秋时代，鲁国的季文子虽位居高官，生活却十分俭朴。有人常讥笑他"吝啬"，季文子答道："我何尝不愿锦衣玉食呢？可眼看着百姓衣不蔽体、食不果腹，我心中不安啊。"受他的影响，节俭之风在鲁国盛行起来。

为了让孩子懂得节俭、远离奢侈浪费，父母应该以身作则，就算家里经济条件良好，也不能铺张浪费。

3. 试着让孩子自己管理钱

教孩子理财的最终目的是让孩子学会合理地支配钱。父母不能只教孩子道理，却不给孩子自己管理钱财的机会。很多父母将孩子的零花钱牢牢地握在自己手中，甚至没收了孩子的压岁钱，这样怎么能锻炼孩子管理钱的能力呢？因此，父母应该给孩子适当的支配金额，提供必要的理财方法和建议，争取让孩子把每一分钱都用到位。

4. 教孩子学会精打细算

父母千万不要认为怎么花钱是孩子的事，所以把钱交到孩子手里就够了，任务也就完成了。给孩子钱却不告诉他怎么支配，如何能让孩子养成良好的理财习惯呢？其实，父母应该教孩子学会精打细算。例如，当孩子得到零花钱之后，告诉他不要一次性花完，以备不时之需。另外，父母还要帮助孩子树立良好的消费意识，不要超前消费。例如，如果孩子想要购买某些东西却没有消费能力而向别人借了钱时，父母要告诉孩子超前消费的坏处，并且提醒孩子及时还钱，不要养成坏习惯。

培养孩子的生存技能是教育的重要内容之一，理财就是现代人必须掌握的生存技能。如果把社会比作一台正在运转的大型机器，金钱就是维持机器高速运转的润滑剂。社会的发展离不开金钱，人类生活也不能没有金钱。有儿童专家认为，理财能力和金钱观念将成为21世纪孩子们必备的基本素质之一。对孩子来说，越早接触钱、掌握理财知识，长大后就越会赚钱，而且也不会乱花钱。因此，在孩子小的时候，父母可以适当地给孩子传授理财知识，引导其掌握基本的理财能力，让孩子早日适应高速发展的现代化社会的需要。

预支以后

"会花钱"的妈妈

第七章

责任担当比能力更重要

有责任感的男孩才能成为男子汉

　　有些父母对责任心存在错误的认识，他们认为，责任心是大人的事，孩子的世界比较简单，父母不应该给孩子太多的压力，让他们过早地承担责任，等他们长大以后自然而然会懂得什么是责任。其实，这是一种完全错误的想法。责任感是要从小培养的，一个从小就有责任感的人，才能终其一生，对自己，也对身边的人和事负责任。

　　卓卓刚上幼儿园，原本妈妈还担心卓卓会不适应，没想到的是，卓卓不仅很快交到了新朋友，而且每天回家以后还会跟妈妈分享很多在幼儿园发生的趣事，甚至有的时候边讲边手舞足蹈，开心得不得了。

　　有一次，幼儿园要召开家长会，妈妈想，这是第一次参加卓卓的家长会，一定要好好收拾一下，免得孩子觉得没面子，没想到卓卓却说："妈妈，你参加我的家长会，不停地打扮，难道你是因为第一次参加家长会有点儿紧张吗？"妈妈一听，不觉有些好笑，便顺着卓卓的话说："对啊，妈妈没有跟你的老师们、同学们相处过，跟其他家长也不是很熟悉，妈妈确实有点儿紧张呢！"卓卓跑到妈妈身边，拍了拍妈妈的肩膀说："你放心，幼儿园我熟，我会帮助你，不要担心哦！"说完又信心十足地拍了拍自己的胸脯。

到了开家长会的那一天，卓卓的妈妈准时到场，卓卓拉着妈妈的手，大方地向老师介绍妈妈，又向妈妈介绍自己的老师和同学，介绍完以后，又带妈妈到指定的位置坐下，并对妈妈说："妈妈，现在你都认识了吧，不要紧张了，好吗？"妈妈微笑着点点头。卓卓又说："妈妈，你先坐在这里不要到处乱跑，我去给你倒杯水，不要让我回来找不到你哦！"说完就独自走开了。看着卓卓小小的背影，妈妈很满足，也有点感动。没想到，孩子小小年纪，已经知道照顾父母了，在幼儿园里，他一定也是一个经常照顾别人的孩子。这样的孩子多让人欣慰啊！

拥有责任感的孩子，知道自己要做什么，能把自己肩上的责任勇敢地挑起来，也会主动去关心照顾别人。那么，既然责任感对孩子来说这么重要，父母应该怎么做才能帮助孩子培养责任感呢？以下是几点建议：

1. 给孩子建立规范意识

每个人在社会上都有独属于自己的角色定位，无论"父亲""母亲""医生""教师""学生""儿子"，都应该承担起自己的角色所应承担的责任，这是对自己的负责，也是对身边的人和整个社会的负责。一个人拥有责任感，首先要遵守一定的社会规范，因此，父母要给孩子建立一定的规范意识，大到遵守法律和交通规则，小到不乱动别人的东西等。

当然，规范意识不是只靠父母口头说说就可以的，而是要渗入孩子生活的方方面面，父母要以身作则，同时要让孩子在实践中不断体验和认识规范的重要性。

2. 告诉孩子"自己的事情自己做"

想要培养孩子的责任感，父母一定要学会适当地放手，不能事事包办，把孩子培养成"甩手掌柜"。应该孩子做的事情，父母要毫不犹豫地交给孩子做，而且要跟孩子约定好，多长时间内完成，完成到什么程度等。另外，需要父母协助做的事情，父母也要与孩子约定好协助的范围，切忌本末倒置，替孩子解决问题。

当然，无论是在家庭还是学校中，孩子"自己的事情"往往是和身边的人相关的，也就是"自己的事情"会与"集体的事情"相交叉。孩子既是一个独立的个体，也是集体中的一员，在完成"自己的事情"的同时，也应该学会与他人合作，为他人着想。比如，在家庭中，孩子除了自己洗袜子以外，也可以帮助父母做摘菜洗菜或者铺床晾衣服等简单的家务。在学校，除了管理好自己的学习，还要与同学互帮互助，学会与同学、老师合作完成一定的任务等。

3. 教育孩子为自己的行为承担后果

当孩子独立做事的时候，父母要对孩子提出表扬和鼓励。无论结果好坏，父母都要教育孩子，让他们学会承担后果。尤其是当事情的结局不是特别圆满的时候，父母要鼓励孩子勇敢地接受，该受责罚的要接受责罚，该向他人道歉的也要真诚地道歉，只有这样，孩子才不会在将来遇到挫折的时候逃避责任。

4. 告诉孩子诚信的重要性

"人无信不立"，一个讲诚信的人，也是一个值得依赖的人，这样的人，社会关系会更融洽，做事会得到更多人的支持和帮助。因此，父母要从小培养孩子诚实守信的品质。如果已经答应了别人，只要这件事不触及原则，不特别为难，就要认认真真地完成，履行对别人的承诺。当然，父母也要在孩子面前以身作则，让孩子切实地理解诚信的重要性。

总之，责任感的培养要从小抓起，父母要注意从方方面面关注孩子对自己、对他人、对社会的认知，帮助他们培养责任感，学会对自己、对他人、对社会负责任。

让男孩敢于为自己的行为负责

我们平时经常会看到，一个孩子不小心摔倒了、磕疼了，于是大哭起来，这时候妈妈赶忙抱起孩子不断安慰说："好了，宝宝不哭了，是这块地让我们磕疼了吗？真可恶，妈妈帮你打它。"然后，妈妈真的会用手使劲儿拍打几下地面，这时候孩子一般就会止住哭泣。

可是这样做，等于把孩子摔倒的责任推卸给外界，而没有告诉孩子，他摔跤是因为他自己不小心，还没学会稳步走呢，就老想跑。在这样的教育模式下成长起来的孩子容易丧失对自己的责任感。一个人如果对自己不负责任，又怎么能指望他对别人、对社会、对国家负责任呢？

这些年关于一些中学生受到一些挫折就自杀的例子屡见不鲜：有因为没日没夜地打游戏遭到家人批评而选择结束自己的生命的；也有因为一直担任班干部，后来突然被撤掉，受不了同学的议论而选择自杀的。

人们不禁问，现在的孩子是怎么了，他们为何这样漠视自己的生命，对自己如此不负责任？其实孩子如此，家长难辞其咎，正是因为我们没有注重从小对孩子进行责任心教育，致使孩子责任意识淡薄，才如此不珍惜自己的生命。由此可见，培养孩子的责任意识是非常必要的。

一个人如果能对自己负责，对自己的行为负责，那他什么事情都能办好。通过各类研究数据，以及家长、老师的反馈，我们得出这样一个结论：现在的少年儿童大都缺乏责任意识。玩儿完玩具后不收拾，一旦家长说让他自己把玩具收拾好，就又哭又闹；看到别人需要帮忙时一脸冷漠，事不关己，高高挂起；对于老师交代的任务，敷衍了事；做了错事拒不承认，千方百计地推卸责任；等等。这样的现象随处可见，这些都是缺乏责任意识的具体体现。

春雷是一名高中生，最近他很苦恼，因为他们就要分文理科了，可他不知道自己擅长什么，不知道应该怎么选。总体来说，他的三大主科成绩还比较稳定，尤其语文成绩最好，想选文科，但他讨厌背诵历史、地理、政治；想选理科，但他的物理是个弱项。

他觉得这简直太难了，于是回到家对父母说："你们帮我选吧，我不知道怎么办，总之我都听你们安排。"

春雷的妈妈听儿子这么说很高兴，她说："还是我儿子懂事，咱们的邻居你毛阿姨家的儿子就很不听话，最近正跟家里闹不愉快呢。你毛阿姨让他学理科，他非要学文科。小孩子家懂什么，学理科才更有前途，更好就业啊！"

于是，在父母的安排下，春雷学了理科。

未分文理之前，春雷的总体成绩还是不错的，可是进入理科班之后，他的学习越发吃力，物理和化学成绩每次都给他拉分。到最后，春雷不但没有按照妈妈的预期考上重点大学，连一个本科二批院校都没有考上。

看到成绩后，一家人都很犯愁。

妈妈说："早知道这样，应该让你学文科啊，比起理科你更擅长文科！"

春雷在家里大发脾气，他说："都是你让我学理科的，现在这样也不赖我。"

妈妈说："意见是我们的，可学习是你自己的事啊！你不好好学习，经常看课外书，现在考不好倒全部是我们的责任了？"

春雷的爸爸说："你毛阿姨家的孩子，当初就是自己坚持非要学文科的，现在都考上重点大学了。因为是自己做的选择，所以他的责任感就强，学习的动力也就大。说来说去，当初我们应该让你自己做这个选择啊！"

有的孩子完全听从父母安排，父母让怎么做他们就怎么做。若哪件事情没有做好，父母批评他时，他就推说"不是你让我这么做的吗"，以此来堵父母的嘴。长此以往，孩子会变得越发不负责任。所以父母应该试着让孩子自己拿主意，自己对自己的事情负责，以此来培养孩子的责任心。父母不要再因为孩子处处听话、事事顺从而沾沾自喜了，这很可能会害了孩子。

某杂志上曾刊载过一则报道，说一个小学生因为损坏校车而有一周的时间被禁止搭乘校车，这是学校对他的处罚。于是这个小学生只好每天走着去上学。人们问他的妈妈："为什么你不开车送一下孩子，这么远的路就让他走着去吗？"孩子的妈妈坚决地说："不，他应该对自己的行为负责！"这位妈妈的教育方式简直让我想为她竖大拇指，她一定会教育出一个为自己的行为负责的好孩子。

美国前总统里根小时候踢球，踢坏了别人家的窗户玻璃，别人要求赔偿一笔数目不小的费用，里根的父亲帮忙垫付了，但是要求他偿还。于是里根努力工作了很长时间，终于把这笔钱还给了他的父亲。他父亲这样做也是为了让他从小学会承担责任。

父母不要动不动就心疼孩子，不要总是为孩子做好所有事情，有些事情是孩子一路走来必须要承担的，现在不承担，以后可能会承担得更多。

一位妈妈把孩子养得特别娇贵，孩子已经上初中了，还经常到了学校才发现把资料、书本之类的落在家里，她每次都不厌其烦地去给孩子送，并且一句也舍不得责备孩子。有一次，孩子期末考试，居然忘了带笔袋，开考前给她打电话让送过去，她只好请假，偏偏那天公司特别忙，领导为此特别不高兴。还有一次，儿子在学校和同学打架，老师就把双方家长请过去了，想好好教育一下两个孩子。她一看有人敢打自己的孩子，当时就急了，到了学校不依不饶，既怪对方家长没有教育好孩子，又怪老师没看住孩子，弄得场面很难堪。其实那次和同学闹矛盾，主要责任在她的儿子身上，所以儿子被记了过，可是回去之后，她一句都没有责备孩子，在她眼里自己的孩子永远没错。在她毫无原则的溺爱之下，她的儿子变本加厉，性格不羁，缺少责任感，漠视校规校纪，最后初中没毕业就辍学了。

父母如果想要自己的孩子有个好的未来，请从小培养孩子的责任心，让孩子懂得为自己的过失负责。有的父母抱怨自己的孩子没有责任感，殊不知孩子的责任感正是父母亲手抹杀的。其实，每个人都有一种积极向上的责任心，所以当孩子想要自己穿衣服，想要自己洗脸洗手，想要自己收拾书包的时候，父母就不要代劳了，而是应该支持他、鼓励他，让他为自己的生活负责。

当父母让孩子做一些力所能及的事情的时候，孩子就会明白"自己动手，丰衣足食"的道理，明白很多事情注定要亲自去做；当孩子为自己的过失负责时，孩子就会明白什么是"自食其果"，明白必须要对自己的过失负责，以后才会少犯错。

懂得了责任，男孩才能快速成长

不少父母为了给孩子安逸幸福的生活，用尽全力支撑着一个家。他们不希望孩子过早地体会到生活的艰辛，但他们同时又对孩子心存不满，时常埋怨孩子不懂得体谅父母，埋怨孩子受点儿累就叫苦连天，埋怨孩子没有一点儿责任感。

一个人到朋友家做客，晚上熄灯睡觉后，听到隔壁的洗手间一直有动静，时而传出一阵轻微而奇怪的声响，于是他起身打算一探究竟。

他走到洗手间门前，透过打开的门缝向里面看去，结果让他吃惊不已。原来，朋友年仅 8 岁的儿子多多正在疏通下水道。一问才知道，多多上完厕所后，无意中发现下水道积满了水，于是多多就一个人蹲在那里，把堵塞下水道的异物全部清理出来。而此时此刻，多多的爸爸妈妈正在熟睡中，他不想叫醒他们。这件事令这个客人不禁感慨：小小年纪就有这么强的责任心，可见其受到的是怎样出色的家庭教育。

责任心是一个人应该具备的基本素养，也是成功者必备的一种品质。然而许多家庭中的孩子娇生惯养、蛮横霸道，过着衣来伸手、饭来张口的生活，根本就不明白什么是责任，更不用企盼他们会对自己的行为负责。随着年龄的增长，他们越来越承担不起自己对家庭、对社会的责任。为此，很多家长纷纷抱怨孩子。其实，孩子的责任心需要从小培养，家长有必要让孩子学会承担责任。

一位爸爸问孩子："如果未来的某一天，世界上出现一群可怕的生物，这群野心勃勃的生物想要占领人类世界，侵犯我们的家园。但有一个人能拯救全人类，因为他拥有一支像马良那样的神笔，可以画出一座收服那群可怕生物的宝塔，但是画宝塔的人要冒着很大的风险，那么你觉得由谁去画这座宝塔更好呢？"

孩子依次回答："爸爸、妈妈、爷爷、奶奶……"唯独把自己排除在外。

孩子说完后，爸爸说："如果让我来回答，我会选择自己。因为在危险来临之时，我有责任竭尽全力保护我的家人，让他们不受到任何伤害，因为他们都是我最爱且最重要的人。"孩子听了爸爸的话后说："那我要和爸爸一起画。"

毋庸置疑，这位爸爸对孩子的教育是成功的，他恰到好处而又十分巧妙的引导，让孩子明白做人应该有责任心。

一个人发展自身、与他人进行友好交往和贡献社会，全部源于认真履行的、明确的责任。一个人是否遵守道德规范、是否遵纪守法与其是否具备责任感紧密相连。如果一个人缺乏责任心，那么他必然与社会的要求相背离，也终将被社会淘汰。

如今有不少父母对培养孩子的责任心不加重视，凡事都替孩子做，希望孩子将时间和精力放到学习上。但是不要忘了，责任心对于孩子而言，具有不可替代的意义。有责任心的孩子，做事才会一丝不苟，才会对他的学业负责任。所以，父母需要培养孩子的责任心，让他们为自己的行为负责。

具体来说，培养孩子的责任心有以下三点：

1. 言传身教

父母要告诉孩子哪些事该做以及该怎样做，哪些事不该做以及做了会受到怎样的处罚。孩子通常喜欢选自己感兴趣的事来做，要让孩子对喜欢做的事负责到底，就必须明确地告诉他做事的要求，并且与处罚相联系，让他明白一个人必须为自己的行为负责。同时父母作为孩子的第一任老师，要做到热爱生活、热爱家庭，有事业心，让自己身上的责任感积极地影响孩子。

2. 自己的事情自己做

父母的全权代理会使孩子忘记自己要承担的责任，要想让孩子有责任心，父母就要让孩子学会对自己的生活负责，让他们独立完成学习任务以及铺床叠被、整理房间等家庭事务，久而久之，孩子就能独立思考和解决问题，敢于承担责任。

3. 让孩子知道自己行为的后果

一位父亲说："有时，在爱与公平面前，做父母的也很难做出决断，但是不能因孩子的借口而一味地迁就他的意愿，让他逃避责任。如果孩子没有按规定将他的书柜整理好，那么面对他喜爱的电视节目，我们也只能让他'忍痛割爱'。"没错，当孩子清楚自己的行为将产生怎样的后果时，他才能真正懂得为自己的行为负责。当孩子遇到难题时，告诉他："这件事是你自己造成的，需要你自己想办法来解决。"而不是说："孩子，不怪你，怪我们没有早点儿提醒你。"仅仅一句话，却能导致两种截然不同的结果。前者是让孩子明白自己需要承担责任，而后者则是帮孩子推卸责任，是不利于培养孩子的责任心的。

到了什么年纪，就让他承担什么责任

因为爱，所以选择包容、袒护，其实，这并不是真的爱孩子，而是在害孩子。

孩子犯了错误，有些父母觉得孩子都会犯错，没必要深究，只要不犯大错就好，殊不知，小错不纠正，就会一步步演变成大错。有的父母碍于自己的面子，选择包庇孩子的错误，但这种做法只会让孩子更加肆无忌惮。

很多父母都会用"他还是个孩子"来为孩子的错误开脱，但孩子就不用为自己的过错承担责任吗？这样的教育观是极其错误的，父母要意识到，孩子犯错更应该及时纠正，因为处于成长期的孩子，这时候的教育决定着孩子人生观、价值观的建立，如果父母一味地包庇孩子的一切错误，那么孩子就容易形成逃避责任的不良习惯。

腾腾是个 5 岁的小男孩，他十分淘气，尤其喜欢拿着画笔在白色的墙上乱涂乱画，腾腾的爸爸看见了，生气地说："不要在墙上乱画，听见没有！"腾腾看见爸爸凶巴巴的样子，十分害怕，大哭起来。腾腾的妈妈闻声赶来，马上抱住腾腾，安慰他说："别哭了，宝贝。爸爸太凶，我们不理他了。"然后就抱着腾腾离开了。

事后，腾腾的爸爸和妈妈发生了争吵，腾腾的爸爸认为必须严厉制止腾腾乱涂乱画的行为。但腾腾妈妈认为，小孩子都喜欢乱涂乱画，这是天性，没必要严厉禁止。而且她不喜欢腾腾爸爸凶孩子的方式，认为那样会吓坏孩子。腾腾爸爸拗不过腾腾妈妈，只好让腾腾妈妈按照自己的方式管教孩子。

不久之后，腾腾妈妈发现餐桌上和椅子上也被彩笔画了一道又一道，但她没有责怪腾腾，而是不声不响地将这些涂鸦擦掉了。虽然腾腾妈妈尽力清理着各种涂鸦，但有些地方还是留下了痕迹。偶尔有朋友来家里做客看到这些痕迹，会询问腾腾妈妈，腾腾妈妈只是笑笑说："小孩子画着玩的，没事，再大点就不会乱画了。"

有一天，腾腾妈妈带着腾腾逛商场，妈妈在店内选购衣服的时候，腾腾偷拿店家桌子上的笔在墙上乱画了一通。腾腾妈妈拿湿巾使劲儿擦拭，但由于是圆珠笔，所以很难擦掉。妈妈感到很抱歉，说："实在对不起，他还小不懂事。"

店家很生气，大声对腾腾妈妈说："就因为孩子小，所以你要好好管教他。"

腾腾妈妈十分难为情，只能灰头土脸地带着腾腾离开了商场。

从上述事例中可以看出，腾腾妈妈的做法是不可取的，虽然乱涂乱画是孩子的天性，但作为父母应该适当引导，让他在画本上尽情涂鸦，而不是任由他到处乱画，一旦养成这种毛病，是很难改掉的。

诚然，每个孩子都会犯错误，错误也有大有小，父母要根据错误的性质加以引导、纠正，而不能以孩子小为由对其无原则地偏袒。例如孩子踩踏花草、偷东西等行为，父母就不能听之任之，必须纠正。俗话说："小时偷针，大时偷金。"小错误如果得不到纠正，就会发展为大错误，所以父母要加以重视，以防孩子误入歧途。

这是我的责任

再见了小鱼

第八章

学会学习，培养孩子一生的学习力

想让男孩学习好，先要培养专注力

美国作家马克·吐温曾说："人的思想是了不起的，只要专注于某一项事业，就一定会做出使自己感到吃惊的成绩。"做任何一件事情，都需要专注于既定目标，并付出实际的努力。古罗马作家西塞罗说："任凭怎么脆弱的人，只要把全部的精力倾注在唯一的目标上，必能使之有所成就。"所以说，那些三天打鱼，两天晒网的人，注定一事无成。

专注是所有在某领域取得一定成就的成功人士的共同特征，也是一个人高效做事的一种能力。注意力是否集中对一个人在某项工作或事业中能否取得成功有重要影响。

美国物理学家肯尼迪·约瑟夫·阿罗小时候对数学特别感兴趣，每次做起数学题目来都全神贯注，周遭的一切仿佛都与他无关。所以，他的数学成绩特别好，他这种专注的态度也让数学老师非常满意。

有一天数学课结束后，学生们都跑到外面去玩了，只有阿罗留在教室内做老师布置的题目。数学老师见状轻手轻脚地走到阿罗的身后，仔细观察阿罗的解题过程。

阿罗做题做得太专注了，对于老师的举动一点儿也没有察觉。直到他把一道数学题解答出来，老师才开口问他："阿罗，下课了，怎么不休息一会儿呢？"

听到老师的声音，阿罗赶紧站了起来，回答说："老师，我正在做数学题呢！"

"出去玩一会儿吧，放松一下紧绷的神经，才能更好地上下一节课。"老师温和地对阿罗说。

"老师，您不知道，我把做数学题看作一种游戏，解题的过程中我也能得到放松。"

"游戏？"老师有些不可思议地看着阿罗。

"是的，老师。在推导和演算的过程中，我可以感受到无穷的快乐，仿佛我是在做一项有趣的游戏。"阿罗微笑着回答。

"哦，是吗？你真了不起，我想将来你一定会有所成就的。"老师高兴地说。

阿罗就这样数十年如一日地专注于他的学习，后来果然像他的老师所说的那样，他在感兴趣的领域取得了突出的成就。1972 年，阿罗还获得了诺贝尔物理学奖。

由此可见，专注是每一个成功人士都具备的特点。

牛顿也是一个做事非常专注的人，他一生中的绝大部分时间是在实验室度过的。每次做实验时，牛顿总是废寝忘食，注意力高度集中，有时可以在实验室一连待上几个星期，不分白天和黑夜，直至实验做完为止。

有一天，他邀请一个朋友来家里吃饭。把饭菜准备好之后，他就继续工作。等到朋友来的时候，牛顿正忙在兴头上。朋友等了很长时间，直到肚子开始咕咕作响，还不见牛顿从实验室里出来。于是，朋友就自己先到餐厅里把鸡肉吃了。

过了好一阵子，牛顿终于出来了，他看到碗里有很多鸡骨头，惊讶地说："原来我已经吃过饭了。"

于是，牛顿又回到实验室里继续奋战了。

牛顿竟然专注到忘记了自己有没有吃过饭，这真是令人惊奇。正是因为有这样的专注力，牛顿才能在科学领域取得举世瞩目的成就。

专注不仅指注意力集中，也指做事时目标明确。一个人的精力是有限的，如果什么都想涉猎一点儿，往往什么事都做不好。这一点在法国著名作家巴尔扎克身上得到了淋漓尽致的体现。

巴尔扎克年轻的时候，曾涉足出版、印刷业。但由于管理不当，他的企业倒闭了，他不仅没有赚到钱，还欠下了许多债务，债主经常对他围追堵截。警察局发出通缉令，要拘捕他。后来，巴尔扎克实在走投无路了，就在一个夜里偷偷地搬进了巴黎贫民区卜西尼亚街的一间不为外人所知的小屋里。

在这里，巴尔扎克过着隐姓埋名的生活，周围的贫民根本没有注意到这位狼狈不堪却依然心怀梦想的年轻人。他开始认真反思自己的过去，他的心终于不再像之前那样浮躁不安。他意识到，多年以来，自己之所以一事无成，是因为想法太多。今天想做这个，明天又想改行做那个，始终没有集中精力走自己最喜欢的文学创作之路。他突然间醒悟了过来，从储物柜里找出了一个拿破仑的小雕像，放在书架上，并贴上一张纸条，上面写着："你以剑锋创其始者，我将以笔锋竟其业。"意思是说，拿破仑用剑未完成的事业，他现在要用笔来完成！

后来，巴尔扎克果然在文学上取得了巨大的成就，被称为"现代法国小说之父"。由此可见，要想取得成功，就不能三心二意，而要将全部精力专注于一件事情。

《成功杂志》在庆祝创刊 60 周年时，著名的记者西奥多·瑞瑟为了访问到伟大的发明家爱迪生，在他的实验室外蹲守了 3 个星期才得以一见。我们摘录了部分访谈的内容，如下：

瑞瑟：什么品质可以促进成功？

爱迪生：能够将你的所有精力与能量锲而不舍地运用在同一件事上而不会厌倦的能力。你每天都在做事，对吧？每个人都是如此，假如你早上 7 点起床，晚上 11 点睡觉，你就能够有 16 个小时的时间来做事。大部分人肯定每天都在做一些事情，不同的是，他们做很多件事，而我只做一件事。假如他们将这些时间运用在一个方向、一个目标上，他们就会成功。

当然，让自己专注于一件事是不容易的，我们必须对自己有一定的约束能力。比如，雨果在创作《巴黎圣母院》的时候，为了让自己专注于写作而不去做别的事，把自己的外套全部锁在了柜子里，直到作品完成后，他才把外套取了出来。

专注力对一个人的发展十分重要，家长必须重视。但是如果你的孩子注意力不够集中，也不用担心，因为注意力是可以训练的。训练注意力的方法有许多，下面给大家介绍几种简单且有效的方法：

1. 溯想法

让孩子观察一件物品几分钟，比如观察一幅画、一件工艺品、一张照片、一件饰品等，都可以。然后让他闭上眼睛，把刚才观察到的物品详细地描述出来，注意要尽可能描述得完整，包括一些小细节。回忆且描述完毕后，父母和孩子可以对照原物看看有哪里忘记了，或是没观察到。如果有，就重新仔细观察，再描绘一次，直到能完全描绘出原物为止。等到练得熟练了，可让孩子自行在心里进行描述。

2. 书写法

给孩子设定一定的时间，让他在纸上工整地写出一定顺序的数字。例如，最初进行的时候，可以要求孩子在五分钟时间里写出 1 ～ 300 的数字。之后再增加时长，增加数字序列的难度。这项训练对于注意力难以长时间集中的孩子是非常有效的。

3. 盯视法

找一个有指针的表，让孩子在椅子上端坐，然后集中注意力用眼睛盯住表盘上的秒针，并使眼睛随之转动。盯视的时间开始可以短一些，随后可以慢慢增加。此项训练要注意的是，告知孩子盯视秒针的时候不要分心想别的事情，也不可随意中断训练。

　　让孩子学会集中自己的注意力，把精力集中在一个目标上，专注力会促使孩子把每一件事情做好，这对孩子的学习和生活是非常有益的。

学习中的坏习惯要及早纠正

很多孩子都做不到专心致志地写作业。虽然有些孩子看起来正在安静专注地做功课，但他们的心早就飞走了；还有的孩子做功课就像在进行马拉松长跑，从傍晚放学回家可以一直做到深更半夜，但是这样耗费时间，依然不能保证作业的质量，反而错误百出。

望子成龙的父母很焦虑，想方设法地试图改善孩子写作业的情况。例如，严加管教孩子，规定孩子在认真完成作业之前，不准吃饭、不准睡觉、不准进行任何娱乐活动……有些父母索性坐在孩子身边陪着孩子写作业，成为最"尽职尽责"的监工。当用尽方法都不生效的时候，父母还会气急败坏地体罚孩子。实际上，这些措施都无济于事。

晓辉今年读小学三年级，为了让晓辉安心学习，妈妈总是把饭菜端上桌，才叫晓辉吃饭。日常生活中，妈妈对晓辉的关心无微不至，为晓辉准备好一切吃的、喝的，就连牙膏都会提前帮助晓辉挤好。上学前，妈妈会认真检查晓辉的书包，再由爸爸背着书包送晓辉上学。只怕连晓辉自己都不知道他的书包里装了些什么。

但是，让妈妈抓狂的是，晓辉写作业总是磨磨蹭蹭的。如果妈妈陪着他一起写，他的速度就能快点儿；如果妈妈太忙了，没时间陪着，晓辉的作业就会写得一团糟。更糟糕的是，很多时候，晓辉根本不知道有哪些作业需要完成。老师在批改作业时总会发现，晓辉的作业做得乱七八糟，毫无秩序可言，也不标明题号，根本分不清楚是哪道题，所以晓辉经常会做错或漏做一些题目。

老师经常请晓辉妈妈去学校，进行交流后，妈妈也赞同老师的看法，承认晓辉在家做作业之前准备文具也非常混乱，每次都要等到写错了，才发现找不到橡皮；总要等到铅笔折断了，才发现削笔刀不知所终。看到晓辉一会儿拿这个一会儿找那个，妈妈烦躁地说："你做任何事情总是丢三落四的，就不能提前准备好吗？"就因为不停地找东西，晓辉浪费了很多时间，原本一个多小时就能完成的作业，晓辉至少要花三小时甚至更多时间才能完成。

那么，如何才能纠正孩子的这种不良习惯呢？父母要根据孩子的心理特点，有针对性地找到合适的方法，不能急于求成。具体而言，要注意以下几点：

1. 培养孩子的专注力

对任何一种劳动，特别是脑力劳动来说，专注力意义非凡。专注的孩子不但能够快速完成作业，而且效率高、质量好。那些对待作业粗心大意的孩子，主要是因为不能集中注意力，不够专注，所以不能认真地看准习题的要求，分析已知的条件。专注的孩子学习起来更加轻松，效果更好，所以反而有更多的时间用来休息和娱乐。

2. 为孩子创造安静整洁的学习环境

孩子的书桌上，只能摆放文具和书籍，而不要摆放其他物品，以免影响孩子的专注力，使孩子无法集中注意力；最好把抽屉柜子锁上，避免孩子随时都能打开抽屉，还没有完成作业呢，就分心去清理抽屉了；书桌前，只能张贴与学习相关的东西，例如公式、地图、拼音表格等，不能张贴其他分散孩子注意力的东西；书桌上也不应该放置镜子，否则孩子就会挤出时间"顾影自怜"。

3. 为孩子限定完成作业的时间

研究证实，孩子保持专注的时间是有限的：5 ~ 10 岁的孩子可以集中注意力 20 分钟，10 ~ 12 岁的孩子可以集中注意力 25 分钟，12 岁以上的孩子可以集中注意力 30 分钟。假如想让 10 岁的孩子集中注意力 60 分钟，始终专注地完成作业，简直不可能。因此当孩子作业太多时，必须学会分段完成。父母要为孩子限定完成作业的时间，帮助孩子更加专注。

4. 在一定时间内专心做好一件事

很多父母都会抱怨："我家孩子做事效率特别低，做作业非常慢，总是边写边玩。"针对这种情况，父母要有意识地培养孩子在特定时间内完成一件事的能力。对于家庭作业，父母要帮助他们进行合理规划，每当完成一门功课，孩子可以休息片刻，不要过度疲劳。有些父母认为孩子动作太慢，不让孩子休息，总是对孩子唠叨不休，使孩子心生抵触，导致做作业的效率越来越低。

5. 不要对孩子唠叨

很多父母为了和孩子交流感情，不想让孩子在做作业时感到孤独，所以常常在孩子做作业时和孩子沟通："做了多少了？还有多少？"看上去父母是在关心孩子，却在无形中干扰了孩子，导致孩子根本无法集中注意力，思路也被打断。父母一定要注意：当孩子学习时，切勿对孩子唠叨。适当的关心能够让孩子感受到父母的爱，但是如果对孩子的某件事过度热情，就会让孩子感到厌烦。这对于维持良好的亲子关系是极其不利的。

总而言之，孩子做不好功课的原因并非只在于他自己。作为父母，要时刻反省自己是否有做得不好的地方，有则改之，无则加勉，竭尽所能地为孩子创造良好的学习环境。

父母还要重视孩子的偏科现象，并且尽早地解决这个问题。中小学阶段都属于基础教育阶段，在这一时期，孩子们要为将来的学习和成长打下坚实的基础。每一门课程都很重要，不管偏废哪一门课程，都会给孩子将来的成才埋下隐患。现代职场上，所有的工作都是综合性的，而且变动性很大。要想做好一项工作，解决一个问题，往往要综合多个领域的知识——世界教育领域都主张培养复合型人才，并且将此作为重要的教育目标。

实践证明，孩子学习偏科对其成长和发展极其不利。父母要怎么做才能帮助孩子纠正学习偏科的问题呢？

1. 让孩子认识到偏科的危害

父母要让孩子认识到偏科的危害。例如孩子的理想是成为数学家，父母就要让孩子知道：仅仅学习理科知识远远不够，即使成为数学家，也要写论文、报告。在升学考试中，总成绩必须提升，假如有一科成绩太差，导致学科"瘸腿"，就会落榜，也就是所谓的"X+0=0"。

2. 激发孩子对弱科的兴趣

父母要有意识地询问孩子对于薄弱科目的学习情况，让孩子深切体会到父母很关注他对该科目的学习。父母还要与孩子一起分析为何会造成偏科现象，让孩子意识到自己可以克服偏科的问题，帮助孩子树立信心。此外，每当孩子在薄弱科目上取得了微小的进步，父母都要及时肯定和表扬孩子，这样才能提高孩子学习的积极性，促使孩子主动学习。

3. 采取措施提高孩子的薄弱科目

父母可以指导孩子制订学习计划，旨在提高薄弱科目的学习成绩。如果条件允许，父母还可以利用工作之余指导孩子，或者聘请家庭教师帮助孩子提升薄弱科目的学习能力。需要注意的是，不能因此而加重孩子的学习负担。

4. 对孩子进行心理暗示

找出孩子在最弱学科上的闪光点，即使只有一两点，也可以以此鼓励孩子，让孩子意识到："虽然我这门课程学习得最差，但是也有过人之处。"通过赞扬孩子，引导孩子进行积极的自我暗示，让孩子相信"我一定能够学好这门学科"。

5. 加强引导

父母应该深入了解孩子不喜爱的科目的教材，从现实生活中寻找与该学科相关的内容拿给孩子看，让孩子意识到该学科非常重要，从而培养孩子对该学科的兴趣。日常沟通中，也可以与孩子谈起和该学科相关的话题，让孩子感到学有所用。重点在于，要让孩子感到学习弱科很有意思，这样才能增强孩子学习的主动性。

帮孩子制订一个高效、可行的学习计划

在日常生活中，不少家长都曾这样抱怨道："我家孩子一进家门就打开电视，一看动画片，就把读书写字的事抛之脑后。不管你怎么提醒，他都听不进去；不管你怎么敦促，他都不理不睬。如果采取强制措施，他就又哭又闹。"没错，不少父母都对孩子不愿做作业或写作业时拖拖拉拉感到头痛。

一次，强强发出了请求："妈妈，让我看会儿动画片好吗？"妈妈立刻回道："再做半小时的试卷。"没想到的是，半小时后，他妈妈检查试卷时竟发现强强在那段时间里只做完了一道题。强强再一次请求妈妈，于是妈妈告诉强强，只要他做完一张试卷，就可以去看一会儿动画片。结果，强强把这张试卷完成得很好，所用时间为25分钟，而在此期间，强强的眼睛没有一次离开过试卷，注意力十分集中。

在孩子身上发生这样的情况是司空见惯的。社会心理学家认为，无论在工作还是在学习中，"痛苦"的前方都应当有快乐作为报酬。也就是说，不管处于怎样的痛苦当中，只要前方有自己期望或迫切需要的东西，那么人们都会顺利通过这次痛苦的考验。教育家称其为"目标倾斜"，这说明人们在离目标不远时，工作和学习的曲线就会呈现出显著提升的趋势。因此，专家认为，家长完全应当把这种心理现象应用在教育孩子上。先弄清孩子的兴趣所在，比如孩子最喜欢的一项娱乐活动，那么就把这项活动放在孩子完成作业的时间后面。如此一来，孩子既能欣然接受，又能轻松愉快地投入学习当中。从心理学角度上讲，这样的教育方法是"先苦后甜"的"目标倾斜"，同样也可以叫作"目标倾斜"的"先苦后甜"。

如果孩子正在兴高采烈地看动画片或打游戏，家长看到后，请不要立马上前打断孩子，责令他去学习。因为这样不仅达不到目的，反而会让孩子心生怨愤而产生抵触心理，更加没有心思学习。即使孩子在被逼无奈之下拿起作业本，也会心不在焉，他们表面上是一副正在学习的样子，其实心里还在想着刚才看的动画片或者玩的游戏，在这种情况下，收到的学习效果简直是微乎其微。

既然强制措施下不出效果，那么就来调整一下学习时间。和孩子约定好开始学习的时间，时间一到，再督促他们去学习。这样就会让孩子明白父母是尊重自己的，孩子得到父母的体谅，自然也会理解父母的苦心，一定会更加专注于学习。

《礼记·中庸》说道："凡事预则立，不预则废。"这句话告诉我们，凡事都要有计划、有技巧。学习也是如此。那么，怎样帮助孩子合理规划学习时间呢？以下几点建议会对您的孩子有所帮助。

1. 制订可行的计划

如果将学习计划制订得难度过大，就会让孩子产生紧张心理，进而产生挫败感。有的孩子虽然制订好了计划，却未能执行，究其原因有三种：计划制订得过于理想化；自身缺乏执行力，没有坚持下来；规定的学习时间脱离现实，没有做到因时制宜，受到诸多外在条件的干扰。

不过，以上原因的任何一种，都可以通过孩子的努力和家长的配合让原来的学习计划得到改善，从而解决问题。

2. 考虑生活的平衡性

规定学习时间时，要从多方面考虑，而不要只顾着学习。生活中的其他日常活动与学习都有着密切的关系，所以，即使学习占主要地位，也不能剥夺一日三餐、睡觉、上课及课外活动的时间，还要有与朋友、家人交往娱乐的时间。总之，要让孩子将一天中的各种活动进行合理分配，只有充实而有规律的生活才能帮助孩子提高学习效率。

3. 要有一定的灵活性

生活中难免会出现一些突发情况，这时就会对所制订的计划产生影响，必须将计划做一些变动。比如，某天孩子因参加足球比赛而扭到了脚，这时就要根据实际情况改变学习计划，带孩子看医生或者让孩子卧床休息。如果只是为了完成计划而强迫孩子去学习，那就因小失大了。

4. 学习计划既要有灵活性，又必须以遵循基本不变为原则

学习计划是可以根据实际情况做一些调整的，但如果总是因同学临时相约打球、逛街而变动，就难以让孩子形成好的习惯。因此，父母在帮助孩子制订学习时间时，就应该预先商量好这种情况发生时的应对措施。计划一旦制订好，就要一丝不苟地执行下去，不能轻易打乱。

5. 有具体的学习目标

要综合孩子的学习目标、学习近况、学习成绩等方面来制定具体的学习目标。规定学习时间要以孩子自身的能力和特点作为依据，还要考虑孩子各方面的能力和学习兴趣是否能够适应制定的学习目标和采用的方法。另外，家庭环境、家庭经济条件等方面也需要考虑在内。

不同时期制订的计划也要有所不同，一般可分为三种：学年计划、学期计划和一周作息时间表。因为孩子的大脑正处于发育阶段，与成年人的大脑相比更易疲劳。所以要制定一周作息时间表，孩子连续学习的时间不要过长，更不能挑灯夜战。现在孩子上课没精神、打瞌睡，多半是因为家长或老师布置的作业过多。比如，大部分孩子在学校上完课之后，还要到培训学校继续学习，回到家后还要加班加点地写作业，这样只会导致孩子上课状态不佳，学习效率下降，最终得不偿失。

　　家长们一定要注意，充足的睡眠才能保证孩子精神饱满、心情愉悦地学习，才是提高学习成绩的首要条件。总之，家长应该帮助孩子规划好学习时间，让孩子的学习更加规律、稳定，这样才能达到更好的学习效果。

妈妈，最近上课我总是犯困，听课都不集中。

这周的课外练习都先暂停，晚上早点睡。

好的，妈妈。

专注让我进步

妹妹平时……

暑期计划